EL CANTARE

大川隆法

Ryuho Okawa

幸福科學十大原理

——愛爾康大靈「教義的原點」

【上卷】

台灣幸福科學出版有限公司

目錄 Contents

7 何謂幸福的原理 67

第2章　愛的原理

一九八七年五月三十一日　說法
於東京・千代田區公會堂

3 耶穌的愛與其極限

第3章　心的原理

一九八七年七月二十六日　說法
於東京・小金井公會堂

第4章 覺悟的原理

一九八七年十月十日 說法
於東京・小金井公會堂

第5章　發展的原理

一九八七年十二月二十日　說法
於東京・日本都市中心

致改訂、新版的前言

本書（上卷）將我一九八七年舉行的五回講演整理成冊，那年是幸福科學正式展開活動的第一年，亦是時值三十歲到三十一歲的我的講演內容。

若是在幾年前，我會因為羞愧於自身在覺悟上的不成熟而不忍重讀。

然而，二〇二〇年年滿六十四歲的我，已成為了在全世界一百〇七個以上的國家（截至二〇二五年二月，一百七十九個國家）擁有正心館、支部、據點等等的「世界導師」，在日本沒有任何一個像我這樣的宗教家。

將一九八七年、一九八八年兩年間合計十回的講演內容整理成冊，不僅可以闡明本會的歷史，也必然對下一代的人們有所幫助。

講演的DVD也已發行，盼望各位能藉此感受數倍於文字的魄力與言魂。

二〇二〇年　七月二十六日

幸福科學集團創立者兼總裁　大川隆法

〈特別收錄〉

《幸福的原理》前言

一九八七年三月春天，我在東京的牛込公會堂舉行了第一回的救世講演會。我胸懷拯救人類的悲願，講述了「幸福的原理」。在該講演會中，我發表了為了達到幸福境界的「愛」、「知」、「反省」、「發展」的四大原理，並將此思想定位成現代的四正道。

從那以後，在至今的近四年當中，若說「幸福科學的足跡悉數驗證了首次講演會上的預言」，也非言過其實。

從這層意義上來說，可以斷言，本書對於真理探究者而言，是必讀必攜一書。

此外，「愛的原理」是基於耶穌·基督靈性指導的「救世主宣言」，亦是對必將到來的新時代的預言。

另外，「心的原理」指出了學習本會教義者所須知的「探究正心」的涵蓋範圍。

我要將這本飽含熱情之書，送給那些對本書的發行翹首盼望的全國有志之士們。不要說為時已晚，因為此刻正是決勝之秋。

一九九〇年　九月

幸福科學集團創立者兼總裁　大川隆法

《覺悟的原理》前言

覺悟著實是很嚴峻的。然而，正是經歷這番嚴峻之後所獲得的「覺悟」，才是真正的「幸福」。

人其實是靈性的存在，離世之際，能帶回靈界的唯有「心」。因此，能讓「心」獲得幸福的「覺悟」才是一切。未開發靈性，也未體驗到真正的覺醒，就不要妄稱如今的自己是幸福的，因為那正是妄想本身。

我在這裡向全人類闡述的《覺悟的原理》，正是值得作為永恆的真理被傳誦下去的思想。本書記述了永恆的佛陀之聲。

各位要仔細聆聽這番獅子吼！

一九九〇年　十月

幸福科學集團創立者兼總裁　大川隆法

第1章

幸福的原理

一九八七年 幸福科學創立紀念第一回講演會
一九八七年三月八日 說法
於東京・牛込公會堂

1 青年時代

在「對永恆世界的憧憬」與「世間的出人頭地」之間搖擺不定的東大生時期

距今六年前的一九八一年三月二十三日，我突然接收到來自天上界的啟示。最初的啟示來自於日蓮宗的靈團，我突然從日興上人和日蓮聖人等人中收到了靈示。

從那時再追溯四年前或五年前吧。彼時我正值十九、二十歲，當時的我對靈性事物並沒有多少關心，只是一個平凡的大學生。但不知為何，乘坐公車、電車等交通工具時，經常看到眼前浮現文字。大多時候，都是潔白斗大的「永恆」二字。

當時的我並不知道為什麼會看到「永恆」這兩個字，但「永恆」二字會不時地浮現在我眼前。

儘管那時還不知道今後自己會走上什麼樣的道路，但我卻對朋友們說過：「將來我想留下能流傳至兩千年後、三千年後的思想。」不過我並未意識到自己為什麼會說出那種話。但其實從那時起，某種準備工作就已經開始了。

我當時只是懵懂地希望在將來成為一名思想家，或者即使當不成思想家，也希望能從事文筆相關的工作。

然而，我的志願卻逐漸動搖起來。我一方面被「永恆的世界」所吸引，另一方面，當我環顧四周，想在世間出人頭地的人比比皆是。

我大學是在東京大學就讀，入學後，與其說我埋首於專業學習之中，倒不如說是在盲目地讀書，過著極其平凡的生活。

總是在心中喃喃自語著「永恆」、「永恆」的我，也不知不覺地開始受到友人們的影響，逐漸被拉向規範現實社會的「法律」，也可以說是世間的學問。並且不知從何時起，自己也變得傾向於追求世間出人頭地之道。

但是，當時我並未意識到這一點。那時在我的心中，「想盡可能地比世間之人更加出人頭地」的想法變得愈發強烈。畢竟好不容易進了好學校，若將來能從事受世人所敬佩的職業，並在那條路上筆直向前，那自己該會多麼滿足啊。

當時我心中有兩條路，一個是我想要留在大學，成為一名學者。即便還未確立想專攻哪門學問，但我想研究政治思想或是政治哲學，活在學問世界之中。另一個則是想在實際社會當中嶄露頭角。

就這樣，我在心意搖擺不定之下迎來了大學畢業季。雖然還有著想投入學問的心情，但看到其他人那般想在社會上盡情發揮實力的樣子，自己也不禁被那條路所吸引。

不知為何被阻擋了自我實現，並被拋向與真理截然相反的世界

然而那個時候，我在自我實現的道路上幾乎都是以失敗作收，並且完全不知道問題出在哪裡。

從教養學系升到法學系時，我認真讀書，且身邊的同學們大致也都順利地走在各自計畫好的道路上。

當時我們一起組了讀書會，合計六人的成員當中，其他五個人要不是變成了外交官、高階公務員，要不就是進入了司法單位工作。所以在畢業之際，我跟其他人一樣也嚮往走向那樣的道路。

但不知為何，每當我面對考試或者求職時，在成功的前一刻總會有一堵「巨大的牆」橫亙在眼前，阻擋我的去路。我不知道為什麼會出現阻擋我的事物，但總之就是會有事物阻擋在我面前，並且絕對不讓我走上那些道路。面對這一切，我根本

不清楚到底是怎麼回事。

就在我迷茫於是否要求職的時候，秋日的某一天，一間綜合商社打電話問我要不要過去一趟。我不疑有他地出門，被對方請了一頓晚飯，以三顧茅廬之禮迎接之後，就這樣直接在那間公司開始了工作。

只不過，當時我還不曉得「自己的應做之事」為何。心中一直有個鬱結，但卻不曉得該如何處置那般鬱結。如今回首過去，我所立下的志向，終究不存在於當時的求職選項之中。所以當時無論怎麼做，我都無法尋覓到那條道路。

但命運是無情的，從小在鄉下長大的我，闖入了「商社人士」的世界。雖說我進入了商社，但我在成長路上並沒有刻意學習英語，且心中想的就是「去哪裡都好，但唯獨海外我不要去」。不料入職後不久，公司就把我外派到美國。就這樣，我投身到了海外的世界。

我的生活空間，看在那些追求真理的佛教徒以及基督教徒的眼裡，是一個截然相反的世界。因為我身處的是一個與佛法真理世界完全相反，是一個極度競爭的世界，每天追著跑的東西盡是數字。

早上第一件事，是邊喝咖啡邊翻閱日本經濟日報，打開天線去搜尋有無最新的資訊，或搶先其他人找到最新的經濟情報。

或是，比別人提早一、兩個小時到公司，將來自海外的超過十公尺長的傳真趕在其他人到公司之前讀完，解讀海外局勢，以便儘早開始思考解決方案。這就是我那時候的日常。

2 通往真理之路

在「天降啟示」與「忍耐之時」之中

但這樣的我，也迎來了強烈的命運轉換期，那對我來說無疑是一個衝擊。若是用各位容易理解的方式描述的話，那就是我感受到一道強烈光芒貫穿我的胸口。上天對我說道：「你走的道路是錯誤的。」

然而，我也需要生活。接收到這般「來自上天的啟示」之後，我意識到自己應該無法像普通人一樣度過一生了。儘管如此，在現今這樣的世界，沒辦法像過去的僧侶一樣僅靠他人的布施過活。

於是，我希望找到一種方式，讓我能夠在「商社人士的世界」和「佛法真理的世界」之間達成平衡。然而，在一邊工作的同時，我心中其實還留有欲望。

綜合商社是一個工作非常艱辛，收入相當高的世界。在眾多業界當中，商社應該是給付相當高薪的業別，像我這樣年輕的員工，光是一次的獎金就足以購買一台新車。所以，面對這般現實，要加以捨棄並非是件易事。就這樣，四、五年的歲月轉瞬即逝。

在那些年，雖然我進行了「佛法真理的探究」，但那只占據我生活中的一小部分，連一成都不到。更甚至，我花在那上面的時間說不定僅百分之一、二左右。每隔幾個月，我會跟善川三朗顧問（爾後擔任名譽顧問。二〇〇三年歸天）見面、對話，把發生在我身邊的各種靈性現象記錄下來。即便那些現象都是發生在我身上，但我卻全部交給善川顧問處理，不知不覺中，我逃避了那方面的事物。在我出版的靈言集當中，直到第八卷都還寫著「善川三朗編著」，當時幾乎真的都是交給他處理。

那時候，我的想法是「儘管發生了那些現象，但要是踏上這條道路的話，我的未來不知道會變得如何，在尚未看清未來的情況下，還是先不要輕舉妄動」。

另外還有一個原因，就是要站在各位面前，我還顯得不夠成熟，不，應該說還很稚嫩。當時我才剛過三十歲又幾個月而已（說法當時）。

當時我心想，這般靈性現象應該是貨真價實，但就算我跟周遭的人說「我說的是真的」，到頭來也無法有所大成吧。恐怕不出一年，就會被人指指點點地說「那是一個怪異的人」，並漸漸地離我遠去吧。

終究經驗不足的部分還是要用「忍耐」和「努力」去補足才行。我當時心想「在我能夠將佛法真理作為正確的知識向各位闡述之前，我必須忍耐再忍耐，靜候時機的到來。時機終將會來的，在此之前不可輕舉妄動」。

在將一本書集結成冊之前，積累了其百倍的靈性體驗之基礎

在那之後，我又經歷了各種各樣的靈性體驗。各位從靈言集當中，大概僅讀到數十人左右的靈人的話語吧（說法當時）。但我在那六年當中所經歷的靈性現象，有其數十倍、數百倍之多。光是高級靈的話語，我就已聽聞數百人之多。

此外，關於《●日蓮聖人的靈言》，光是要出這一本書，就積累了四年份的資料。但日蓮聖人所講述的內容量，恐怕有那本靈言集的百倍之多，所以是有著那般基底與基礎的。當時我們認為，在穩固基礎之前，我們無論如何都不應輕舉妄動。

如果是一般人，若是遇到了日蓮聖人的出現，大多就會立刻對外說法，並且不出一年就會成立一、兩個新興宗教了吧。

在我看來，光是由日蓮聖人作為指導靈，應該就能創立數百萬人規模的團體了。僅是接受他的指導，並出版個像是十本、二十本的靈言集，之後再發展個數十

●《日蓮聖人的靈言》收錄於《大川隆法靈言全集 第1卷》、《同 第2卷》（皆為宗教法人幸福科學刊行）。

年，應該就可以發展成一個擁有數百萬名會員的團體了吧。

但我感覺到茲事體大，並不是只有日蓮聖人一位。他頂多相當於議長，或說是梳理交通之人，其背後還存在五百人以上的大靈團，我知道如此事實。

之後，在我靈道開啟後僅三、四個月，我還收到了來自耶穌．基督的訊息。起初善川顧問還不相信，並說著：「怎麼可能有那種事。」於是我在他面前展示了靈言現象，並開始展開各種對話。

其實我最初也不敢確信，先姑且不論耶穌．基督，在真正感受並確認到真的是日蓮聖人在指導為止，少說有三年以上的時間，我都不願意承認如此真相。

3 宗教指導者的責任

從墮入地獄的教祖們身上學到的「宗教指導者的責任」之重

現在有很多新興宗教團體，但大多數都是只要一發生靈性現象，就馬上大肆張揚，對外說著：「是神明！是佛陀！」

但是，身為宗教指導者，是肩負著責任的。走錯一步，不但會讓現今數十萬、數百萬的人們陷入迷惑之中，亦會導致後代人們誤入歧途，其禍害難以清算。

雖然我們目前還沒有揭示，不過進入昭和時代（編註：一九二六年）以後，那些新興宗教團體的教祖們死後去往何處，我全都一清二楚。若將其揭示出來，恐怕會打擊到很多人，所以我不方便說。今後，我只會揭示返回到天上界的高級靈界的人的靈言，至於那些遲遲未現身的教祖，就請人們深思其中緣由。

很多人都要求我出版他們教祖的靈言，但我認為還是不要出版比較好。其實要出版倒也可以，只不過怕沒有地方願意將其印刷出版。為何這麼說，因為書中將充斥著「好暗、好痛苦、快救救我」等完全無法加以出版的內容。非要做成書也行，只不過讀者的腦袋恐怕會受到影響。

在我試著跟那些墮入地獄的教祖們對話之後，感覺到其悲哀之處實在是令人束手無策，真的是救也救不了。他們現在已經知道自己做錯了，但即便如此，卻無法單靠自身的反省獲得拯救，他們去不了天國。

這是因為，他們的第二代、第三代繼任者還在世間努力著。他們信奉著教祖的教義，一心想著「要將教義更加發揚光大」，並傳道給數十萬人、數百萬人。

無論教祖如何在地獄中拚命祈求弟子們「快住手」，他們也不會停止。弟子們滿腦子只想著「要為教祖弘揚教義」盡心盡力。然而其教義越是廣布，教祖就越是痛苦。教祖哀求著弟子們停手，卻無能為力。

第二代繼任者拚命地膜拜並說著：「托教祖之福，您在世時的會員人數為十萬人，如今已壯大到百萬人了，感謝您的指導！」結果教祖心裡想的卻是：「啊！這麼一來困在地獄的時間被拉長十倍了（會場笑）。原本想說兩百年就能脫離地獄，如今兩千年也不一定出得去了。到時候說不定我會連自己曾經是人類這件事也逐漸淡忘。」這是很可憐的。

然而，這樣子的人是連我們也救不了的。為什麼救不了呢？如果是普通的惡靈倒還救得了。快的話，在簡單與其對談三、四分鐘後，他們便能乾脆地前去天國。比較慢的人，花上一個小時加以說服，大概也會接受勸說並前去天國。

但唯獨「教祖」是絕對無法回到天國的。這是因為教祖讓數十萬、數百萬的人信奉了錯誤的教義，在收拾殘局之前，他們是回不了天國的。

因此，與其創立錯誤的宗教，倒不如回鄉下拔蘿蔔、耕種度日的好。那樣反倒不會犯大錯。縱使因為說鄰居的壞話而墮入地獄，也不消多久就能從地獄出來。

然而，如果我站在講台上說「這是日蓮的話語，這是耶穌．基督的話語」，但卻都是虛假內容的話，我大川隆法恐怕再也不會出現在世間各位的面前，應該再也無法從地獄出來了吧。要是幸福科學發展壯大，規模遍布海外的話，那就更加頭疼了。就像這樣，我透過靈性體驗，目睹了許多教祖的樣子，心生「這可不行」的想法。

為此，在確認「日蓮有無錯誤之處」之前，我忍耐了三、四年。他的性格在這四年之間始終如一，個性完全沒有改變。並且，所說的話也是貫徹始終，其內容跟有見識的人相比，世上恐怕也沒有其他人能夠說出那番言論。

為防止被惡魔蠱惑，必須謙虛學習各方思想

所謂地獄靈，無論其騙術多麼巧妙，也必然會在某處出現矛盾。普通的地獄靈會直白地說「好痛苦、好痛苦」，所以很容易分辨。

然而，附身於教祖的「撒旦（惡魔）」或「魔王」，由於積累了豐富的實際成績，所以講話相當巧妙。他們知道各種宗教理論，並會加以引用。時而說上「業」，時而說上「輪迴轉生」，有時還會叫人們「去拯救他人」。

打個比方，可能會出現「去拯救他人」的聲音，說著：「靈言集是傳達著神佛之聲，所以各位必須廣布靈言集，要拚命地印刷這靈言集，挨家挨戶地放進信箱裡，要將其更加廣布。」這種程度的內容他們是說得出口的，但切記不要慌張。

我在《免受惡靈侵擾之法》（宗教法人幸福科學刊行）的小冊子裡也提到過，「知性」相當重要，也可以稱為「知識」。無論地獄靈持有多麼強的靈力、念力，但地獄畢竟與天國不同，那裡沒有學校，所以身處地獄之人無法確實地進行學習。

譬如，有一個過去信奉佛教的真言密教的僧侶，後來墮入了地獄。此人十分了解真言密教。

在日本的真言密教中，此人被譽為「真言密教的中興之祖」，也有人說他在某種意義上超越了空海。像這樣的人也確實墮入了地獄，並附身在現代某個教團的教祖身上蠱惑人們。此人非常精通密教理論，所以單靠普通的知性難以將其識破。

但從那些未有「增上慢」之心，且不僅鑽研佛教，還悉心探究基督教、神道、孔孟老莊思想，以及道德、科學、哲學等學問，並真真切切地掌握到那一根貫穿於這些思想中的「黃金絲線」之人的眼中看來，撒旦等人所說的話裡某處存在著矛盾。

然而，對於那些無論是只信奉密教、只信奉利益信仰、只供養嬰靈、只信仰基督教等等，認為只有自己信奉的東西才是真實的人們來說，他們不會將目光放到其他地方上。因此，當此人受到有著充分宗教知識類似撒旦的人指導時，就很容易遭到蠱惑。

基督教系統當中也有許多新興宗教，應該有很多人都在街頭上遇過那些傳道人士吧。

我也常會因為被要求買《聖經》而困擾不已，心想要不要將《●基督的靈言》拿給對方看，但這麼做可能會一發不可收拾吧。所以我用「我明白《聖經》是一本非常難能可貴的書籍，我家裡也有，所以暫時不需要了」的說詞來推辭。

或者，從地鐵站裡走出來時，會有人過來搭話：「能佔用您一點時間嗎？」當我躊躇不前時，對方就會不假思索地上前，並說：「您心中似乎有些迷惑」（會場笑）。此言甚是，我的確心存「迷惑」，因為我正想著「真傷腦筋啊」。

然而對方見狀又會接著說：「我想您恐怕是被邪惡之物附身了。能讓我幫您淨化嗎？三分鐘就可以了。」我回覆：「不，在路上不太方便……」對方便說：「那我們去暗一點的地方。」那實在令我頭疼不已。

事實上我也可以讓他幫我淨化，但如果讓對方淨化我的話，對方恐怕會倒地，

●《基督的靈言》　收錄於《大川隆法靈言全集 第5卷》（宗教法人幸福科學刊行）。

這樣就太可憐了，為此我只好拚命婉拒。但對方卻還是說著：「那可不行，您需要接近真理。為了多拯救一隻迷途羔羊，這是必須做的。」他們拚命地想拉人進去，我說什麼都實在無法脫身，只好告訴對方「我是擁有其他信仰的人，所以放我一馬吧！」並逃離現場。

就像這樣，在看到許多現代宗教諸相，或回到靈界的靈人們，尤其是各宗教教祖的樣子之後，我強烈地自戒「絕對不能抱著半吊子的心態踏入這條道路」。於是我花了四、五年的時間去驗證，並決心「若這不是日蓮真正的話語，若這不是耶穌真正的話語，那我絕對不會站在世人面前」。

4 從零開始

慎重地反覆探究，只發表確信無誤的真理

正如各位所知，幸福科學是如此地慎重，前期是花了那般長的時間去實證。一般來說，不會有人在接收到耶穌．基督與日蓮聖人的話語之後，還能忍住六年不舉辦講演會，通常老早就出來講話了。

但在那段期間，直到我能夠確信其真實性為止，我選擇先沉住氣。並且如先前所述，靈言集當中的內容僅是我所擁有的知識的百分之一左右，我只會公開無論怎麼想都幾乎可以確定不會有誤的內容而已。

然而，在初期的兩、三年中，即便是高級靈的話語，也有很多「方便」的說

法。那是因為我們尚未覺悟，還沒有充分進入那個世界，因此他們運用方便法來引導我們，一點一點地向我們傳遞許多訊息。

並且，當我們逐漸相信其話語之後，他們便會講述更高層次的內容。經過了六年，回首過去，我發覺「最初的一、兩年，我們自己的程度是多麼地低啊」。現在講出來會被當成笑話吧。六年前，我家有養狗。牠每天一到晚上就汪汪汪地叫個不停，於是我便請教日蓮聖人：「我們家的狗是不是被惡靈附身了？」日蓮聖人親切地回答我：「是啊，確實有兩隻附身在牠身上，是兩隻蛇的靈。這惹得那隻狗很生氣，這才不停地汪汪叫。」（會場笑）

也難為了日蓮聖人，由於當時我們的水準不過如此程度，所以還在詢問那種問題。我們也是從這種程度開始的，所謂的「從零開始」，指的就是這個，我們也一樣是從零開始。

那麼，如果我把這種靈言集公諸於世的話，各位會怎麼想呢？

「日蓮聖人，我有一個問題。我們家的狗老是叫個不停，特別是到了晚上。我覺得很不尋常，肯定是受到了惡靈的影響。請問有什麼附身在牠身上嗎？」

對此，日蓮聖人回答：「確實有兩隻蛇的靈附在牠身上。」若出了這樣的書，往後要再回收的話可就難了。

就像這樣，要達到一定程度的靈性自覺，需要花費兩、三年的時間。任何人都一樣，要先通過那幼稚的階段，才能邁入下一個階段。

最近有位宗教家，他在十一年前的一九七六年的六月過世了。此人的靈言集於一九八六年的十二月首次問世，並引起了頗大的反響。

這位宗教家如今身處靈界，但他的心境絕對稱不上平穩。為何不平穩，那是因為當初靈性現象一出現在他身上，他就馬上開始活動。那是在他四十一、二歲的時候。當時，他被告知「你只會活到四十八歲」。他心想「那可不行」，便慌忙地開始活動。

於是，他開始記錄、聆聽很多靈的話語，以此進行傳道，但在最初的兩、三年間進展得很不順利。從我的實際經驗來講也是如此，在我們產生靈性自覺之前，哪怕是高級靈，也會在闡述真相之前先使用方便法。

如果不循序漸進地以方便法慢慢提升人們的靈性自覺的話，世間之人將一頭霧水。無論是什麼樣的光明指導靈，只要宿於肉體，就與嬰兒別無二致，是理解不了的。

所以，必須花上三、四年，世間之人才能習慣並且確信他們所說的話。

我與這位宗教家之靈對話了五、六年，經常聽他說起初期發生的混亂。他還說，為了進行修正，現在他想藉著我出版幾本靈言集。

只不過，假如由我們出版他的靈言集，試著修正他生前的思想的話，這回就會換他的弟子們不願意相信了。他們會認為：「我們的老師的思想沒有錯誤，你們說這些與老師的思想相悖的言論，想必是企圖篡改，這一定是撒旦在搞鬼。」這種事情就是如此嚴峻和困難。第一個人即便說錯了話，隨後的弟子們也會因為不明所以，仍將其視為金科玉律般守護。

初期他主要講述佛教系統的內容，再來以「摩西的教義」或「釋尊的教義」為中心講述。他沒有涉及到諸如「日本神道」或「中國的孔孟老莊思想」。所以在他看來，日本神道的八百萬眾神，大概都是六次元神界（光明界）之人。

看到這裡，應該也會有人產生疑惑：「六次元怎麼會是『神界』？既然七次元是『菩薩界』，八次元是『如來界』，那麼神界應該在其之上才對啊。神界在『六次元』不是很奇怪嗎？」那位宗教家可能認為，八百萬眾神是六次元的存在。並且他對孔孟老莊也持有同樣想法，認為他們所處的次元想必不會多麼地高。

究其原因，是因為他並不在意這些，並且他認為「日本神道的眾神頂多就是在幫忙驅邪而已，並沒那麼了不起，還是佛教的眾神比較高等」。這就是缺乏時間驗證所致。

若是將神道眾神說成「六次元」的存在，之後一定會出現混亂。當神道系統眾神當中出現偉大的存在時，他的弟子們勢必會陷入混亂之中。弟子們會心想：「照理講神道眾神應該沒有那麼偉大才對，但他們講述的教義卻頗具高度。太奇怪了，完全無法明白。另外，孔子、孟子照理講應該是六次元的存在才對啊，幸福科學卻說『孔子是九次元的存在』，我不相信這種事。」

若無每日「探究正心」，就接收不到高級靈的訊息

有鑒於此，宗教家背負著非常重大的責任。宗教家應講述自己所確信之事，但對於還未確實證實為知識的內容，在確信之前就應該先保持沉默。正因如此，我尚有諸多事物還未向各位公布。

綜上所述，我講述了我的起點，也希望能夠讓各位確實明白這個立足點。我們

希望在扎實的基礎上說法。

幸福科學的「入會須知」中有寫道：「有意每日探究『正心』之人，方有會員資格。」在會員當中，很多人只是在入會的時候讀過這句話，之後便忘記了。還有的人只是感嘆一句「寫得真好」，就把它放到一旁，繳了入會費後便忘得一乾二淨。

但是，這句話正是我這六年間的真實寫照。若不每天探究自己的「正心」，是無法跟高級靈對話的。無一例外，這是法則。為了能夠接收到高級靈的訊息，必須擁有與對方相同的心境，否則接收不到。

5 何謂預言者

神不會聯繫「靈媒」，卻會聯繫「預言者」

我想，應該也有很多「生長之家」的信眾會接觸到這本書。所以，我就順便講述關於「預言者」的話題。

我出版了《谷口雅春靈言集》。生長之家的幹部們或許會想：「奇怪，以本會的教義來說，神應該不會聯繫靈媒才對。谷口雅春先生作為與神相近的高級靈，理應不會聯繫世間之人才對。這麼異常的事情，是不可能發生的。如果谷口先生不知所往的話就罷了，但他應該回到更高的地方了，所以照理講不可能會聯繫世間之人才對。」

他們會這樣說，是因為僅了解佛法真理的一部分面向而已。生長之家的理論當中，沒有區分「靈媒」與「預言者」的理論。

不知各位能否理解？神的確不會與靈媒聯繫，這說法是正確的。以從事靈媒為職業的人，神不會降下訊息到此人身上。

但是，神會降下訊息至預言者身上。預言者的「預」，並非指「預言未來、預知」，而是指「被託付」的意思。所謂預言者，就是指「被託付神的話語的人」。

摩西、以利亞、耶穌・基督傳遞了「神的聲音」

摩西亦是如此。摩西在迄今三千兩百多年前從麥倫普塔法老底下逃走，成功上演了「出埃及記」。他聽到來自天上界自稱「耶和華」的神之聲音。說是神，但正確來說的話，其實是九次元的神靈。那麼，為什麼摩西能聽到那般聲音呢？正是因為他是預言者。「傳述神的聲音」就是他的職業、工作。

以利亞又是如何呢？他出現於迄今兩千八百多年前。他為了擊潰錯誤的巴力信仰，與五百名宗教家為敵，在迦密山上與之一決勝負。他僅憑一己之力對抗五百人。所謂巴力信仰，以現代來說就是「謀求利益的信仰」。當時，抱持著錯誤信仰的宗教家們說著：「巴力信仰可以實現任何願望，讓我們心想事成。」

但是，以利亞信奉耶和華。他說：「我相信耶和華為唯一真神。既然如此，那就來一決勝負吧。看看你們的巴力神與我所信奉的耶和華，誰才是正確的。」於是一早就在迦密山上展開對決。

巴力信仰的五百人在山頂將薪柴組成井字型，祈求巴力神從天降下火焰，以點燃薪柴。

不過，他們從上午九點開始祈禱，到了中午十二點火還沒降下來。抱持巴力信仰的人們很困惑地說道：「不應該是這樣啊。巴力神怎麼可能拋棄我們。」

就這樣，那五百人的祈禱持續到了下午三點。過了下午兩點，祈禱的人們已經精疲力盡了，到最後，他們甚至是渾身是血地在瘋狂跳舞著。他們將劍從劍鞘當中拔出，不惜互相砍傷對方，也要邊流血邊向巴力神祈禱：「請您降下火來吧。」但火依舊沒有降下來。

以利亞見狀，嘲笑道：「那麼，現在換我來向我的神祈禱。我來向耶和華祈禱。」以利亞當時還僅二十歲後半，很年輕，所以還有些好勝心。於是乎他開始祈禱。

過沒多久，火球猛烈地從天而降。那是一幅著火的石頭從天而降的景象。火球落到以利亞所建的祭壇上，祭壇燃起了熊熊火焰。隨著以利亞的命令，信奉錯誤的巴力信仰的五百人遭到了處刑，他們最終全軍覆沒。歷史中也是曾有過這般嚴苛的時代，而這位以利亞也是預言者。

在那之後誕生的耶穌．基督也是預言者。我希望各位能夠好好閱讀耶穌．基督所講述的話語。耶穌曾被幾個人逼問：「你說自己是『天父之子』，那你倒是拿出證據，證明『天父確實存在、神確實存在』啊！」

那時，耶穌是這麼回答：「存在於上天的天父，無法拿出來『這兒，就在這兒』地給你們看。但是，我所講述的話，並非是我的話語，而是天父降下的話語，要我轉為講述。」基督徒們並不了解這番話的意義，但我非常明白。

這番話意指，耶穌‧基督的心中降臨了那般巨大神靈（愛爾康大靈）。此外，當時的耶和華神、摩西、以利亞，抑或是過去的高級靈們，皆藉著耶穌的肉體進行說法。與其說藉其身體，不如說是耶穌每每說法時，他們時常賜予耶穌說法的力量。

因此，耶穌才會說：「要相信我所說的。聽聞吾話語者，即聽聞神之話語。神降於此，正述說其話語。」耶穌也是預言者，並傳達了神的話語，不能將耶穌稱之為「靈媒」。

接收「神的啟示、天使的通訊」，編撰了《可蘭經》的穆罕默德

還有一個人，名為穆罕默德（謨罕驀德）。他生活於阿拉伯之地，是一名商人。

他在二十五歲之際，生了病且同時身陷貧困。有一天，他因為已經有許多天沒有進食，故倒在烈日炎炎之下。

當時，有一群牽著駱駝的商隊經過，其中有一位四十歲左右的美麗女子。她是一位寡婦，並指揮著該商隊。她命令隊伍停下，並說：「把那倒下的人救起來。」於是穆罕默德便獲救了。他被救起之後的那三天裡，受到了那位女子的照顧，得以恢復健康。

後來，暫時寄宿在那位女子家裡的穆罕默德，便與照顧他的那名女子結婚了。

某天清晨五點，他做了個夢。在他居住的麥加郊外有一座山丘，在夢裡，他走向

那山丘，並看見了一個洞窟。他夢見自己走進洞窟一看，不知為何裡面放著一把鏟子，用鏟子往下挖掘後，出現了金銀財寶。

那個夢境實在過於真實，讓他感到不可思議，便趁妻子熟睡的時候溜出家門。當他實際前往麥加的郊外時，果然如實看到了夢中的山丘。登上山丘後，又看到了夢中那個洞窟，跟夢中所見一模一樣。

於是他走進了洞窟，由於他是在尚未天亮之際就出門，又走了很遠的路來到洞窟，在環視洞窟內部之後，他便坐了下來，不知不覺地打起了瞌睡。

就在此時，洞窟裡發出了巨響，他聽到一個聲音說：「穆罕默德啊，我是阿拉。」穆罕默德大吃一驚。「阿拉」是《舊約聖經》的「摩西五書」當中所記載的「創世紀」之神。他一想到「創造天地的神現在竟然在向我說話」便震驚不已。這位阿拉與被稱為埃洛希姆（愛爾康大靈）之神是同一存在，而穆罕默德聽到了他的聲音。在洞窟中親身經歷了如此神祕體驗之後，讓他察覺到「這是一件大事」。

於是他先回家一趟，沒向任何人述說，就帶著四十天份的糧食返回洞窟之中。那四十天，他展開了屬於他的格鬥。他接收到了阿拉的啟示，以及名為加百列的天使的通訊。他先是領受了幾次來自阿拉的話語，其後，具體的法，則由加百列大天使給予通訊指導。以這些通訊為藍本，他完成了《可蘭經》，並成為伊斯蘭教的教義。

說到《可蘭經》的根本，其實與我們的「靈言集」相同。實際上，他也是在編纂「神的話語」，只不過當時沒有錄音機，也沒有能幫忙速記的人。因此，他每天拚命地在洞窟中聆聽、記憶那些話語，再讓別人把他聽到的內容記錄下來（據說穆罕默德本人不會寫字）。

就像這樣，每隔一段時間，高級靈便會降臨於世間，以預言者的身分傳達神的話語。

如今，我們正身處於相同的立場。但是，正如過往的教義當中沒有完美的教義一樣，即便再怎麼盼望我們的教義要盡善盡美，也仍會有一些不完全之處。

若是有我現階段的能力還無法理解的佛法真理，那麼很遺憾地，現階段我無法講述那個部分。因此，各位正在學習的高級靈的話語，充其量是我理解範圍之內的靈言。

不過至少可以說，我的理解程度有超越靈言集當中所出現的佛法真理的話語。只不過，對於超出我能力範圍之外的內容，靈人們還無法向我講述，有著這般極限存在。

6 幸福科學教義的基本——「由內到外」、「從基礎到樑柱」

「知曉就是力量」——品味佛法真理，確認自身的理解程度

目前為止我所講述的，是「幸福科學的慎重程度」，以及「幸福科學的根本立基於何處」。

這在接下來所要講述的「幸福的原理」當中也將提及。幸福科學非常重視「知識」，這個知識指的是佛法真理的知識，而非應付考試用的知識。若缺乏佛法真理的知識，將難以區分事物的正邪。

現在正閱讀著本會書籍的人們，若試著重新回顧現代的「宗教」、「思想」，

勢必會察覺到矛盾之處。我們其實在無言之中，批判著那般矛盾事物。

「知曉」這件事，說到底，其實就是「力量」，知曉就是力量。

在現代，有的宗教家主張要「摘除別人的腦袋」（福永法源，「法華三法行」立宗之後遭到逮捕）。對於裝有錯誤知識的腦袋，能夠予以摘除當然會比較好。但是，最好不要想摘除裝滿真正的佛法真理的腦袋，就算奪走蘇格拉底的腦袋也沒有意義。因此，我希望各位能從知曉開始做起，我們要把知曉佛法真理放在第一階段。

在加入幸福科學的諸位當中，有些人看到講座、研修會上的試題後，就覺得「啊，這個我不會。我做不到，還是退會吧」，很快就陷入迷惘當中。或許也有人認為：「但在退會之前，至少先看過大川隆法本人之後再退會吧。看完再退會也不遲，去講演會上看看他本人之後就回去吧。」

每個人對於考試有著各種的反應，只不過我們是這麼想的：製作出一本靈言集，至少需要耗費數百個小時，單是出版一本就需要付出那麼多的勞力。此外，雖說出版一本需要耗費數百小時，但是收集相關基礎知識，更是需要再花上數倍乃至數十倍的時間。

如上所述，我出版一本書需要花上數百個小時（作者註：此為初期收集作為實證的靈言時的情形）。那麼，各位閱讀一本書需要幾個小時呢？快的人大概兩個小時，慢的人花個十小時也能讀完吧。有些人還會說「已經讀了三遍」、「已經讀了四遍」，這本身當然是好事。

但我們在出書之前，耗費了與之相比數倍、數十倍的時間。這才逐漸品嘗到佛法真理。

各位把書讀完一遍之後，簡單說句「嗯，我明白了，寫得很好」就可以了嗎？我希望各位能去確認一下，自己是否真的有把佛法真理當作一回事，這是很重要的。

現今，在學校教育當中，能夠教導學問的人多如牛毛。然而，卻沒有一個地方會教導是否正確地理解了佛法真理。

「探究、學習、傳道」，此順序的意涵

我們將來當然也打算步入「傳道」，今後我將向全國傳道，之後再向海外傳道。但正如我在講述過去六年的經歷時所提到的，我非常重視打下扎實的基礎。幸福科學的教義是以「由內到外」、「從基礎到樑柱」為基本方針。

既然如此，我希望各位在「傳道」之前，先進行「學習」。各位說要「傳道」，但各位究竟要傳道些什麼呢？如果要販賣靈言集，只需要請報社幫忙打廣告就足夠了。

為了知曉「要傳道什麼」，就必須去學習才行。並且，在學習之前，我們應該先進行探究。正確的順序是「探究、學習、傳道」。

我們還沒有成立組織，設施也並不完善（說法當時）。在這個階段，即便會員跑遍全國，呼喊著「出靈言了，出靈言了」，也稱不上傳道。只會被誤認為是被妖狐附身而已，這種做法完全幫不上忙。

我們所要做的不應是如此。既然我們都花費了六年的時間打下了基礎，那麼，我希望各位也花上一、兩年的時間，先靜下心來好好地學習。各位想要向人們傳達什麼呢？若連「該傳達什麼」都弄不清楚的話，就不應傳道。正如耶穌所言：「盲人若為盲人指路，那最終兩人都會落入洞穴。」

現今新興宗教的怪誕之處，在於尚未開悟之人拚命地想讓人開悟。他們做的是「折服」、「勸誘」，這種人比比皆是。

類似的事情我也曾遭遇過三次。如果對方是開悟之人倒無妨。若對方有著優秀的人格，具備知識，且對佛法真理已有體悟，並表示「希望能跟您聊聊」的話，那麼人們就可能會在聽完一席話之後回應「我聽了一番好話」，並願意奉上香油錢。

但現實並非如此，他們多以「硬生生把逃走的人拉進來」為手段。既然連我都討厭這種做法，那麼想必各位也會討厭，即便不是幸福科學的會員的人也不會喜歡。

所以，首先要先有探究與學習，才有接下來的傳道。我們要在最初的一、兩年時間先忍耐，並努力讓幸福科學成為一個佛法真理的學習團體。待水到渠成，自然而然就會廣布的。

現在有很多人表示：「我希望加入幸福科學。」我大概推測了一下，若讓想入會的人全部都入會的話，會有多少人？算下來，光是在今年年底估計就會增加至四、五千人。然而，幸福科學尚未有講師（說法當時），這種情況下讓會員人數不斷增加，並在全國各地建立支部是否妥當？光靠我一人每週四處尋訪各地，這樣真的好嗎？

所以，最初的這兩、三年，我想培養出「已習得佛法真理的知識，且能夠向人們說法的人」。要說是「講師的養成」也好，也可以說是「傳道的核心人物的養成」。說著「想成立支部」的人有很多，但是，要透過支部傳遞什麼呢？我希望各位先掌握到這件事。

創立之初，秉持「先有小乘，才有大乘」的精神展開活動

在此意義上，儘管我已經出版十本書（說法當時。截至二〇二五年二月為止，已出版三千二百本以上的書籍），但這還只是基礎中的基礎。我們僅僅是先將「有這般現象、這般世界」這件事傳達出去，再來才會講述真正的法。接下來我會開始打下法的基礎，讀完那些內容再去傳道也不遲。

我想說的是「先有小乘，才有大乘」。不知各位能否理解呢？意思是，「自己開悟之後，再去救人」。一旦搞錯這個順序，就會開始出現宗教的悲劇。請先讓自己感受到幸福之後，再去思索如何讓他人幸福。這樣做就行了。先有「小乘」，才

有「大乘」。

創立尚不久的幸福科學，目前還處於小乘佛教的階段（說法當時）。想要興起大乘運動的人有非常多，大家也很想拓展到海外。然而，先有小乘，才有大乘。我自身尚未得到終極的覺悟，在這階段，還不能向人們述說偉大之事。

各位也是一樣。當被問及「你在幸福科學悟得了什麼」，卻回答不出來的話，那就還不能向別人傳道（作者註：在此三年之後進入大傳道期）。

現在，韓國也有人提出「想翻譯《基督的靈言》」，並表示「已經翻譯完成了，希望可以讓我們出版」。這樣子的人也開始出現了，看來是想讓更多人讀到那本書吧。但我們想盡可能地將腳步慢下來，希望各位能了解箇中用意（現在，《太陽之法》〔幸福科學出版刊行〕的英譯版等，大川隆法的著作已被翻譯成四十二種語言出版發行。海外活動亦積極展開，活動據點已遍布世界一百七十九個以上的國家〔截至二〇二五年二月〕）。

7 何謂幸福的原理

「探究正心」是「貫穿世間與靈界的幸福」的出發點

最後，來述說本次主題的要點吧。

幸福科學思索著「幸福的原理」，而幸福的原理當中有幾條不同的道路。幸福的種類雖然數之不盡，但我們所認知的幸福，是「貫穿世間與靈界的幸福」。我們所探究的，並非是「僅在這世間幸福，回到靈界則墮入不幸深淵」的這類幸福，而是「貫穿過去、現在、未來，都可以通用的幸福的原理」。

如方才所述，幸福的原理的出發點在於「探究自身的正心」之姿，這就是出發點。

那麼，這個「正心」指的是什麼呢？我所說的「正心」，是希望各位去探究存在於各位心中的「如來」的部分。

各位可能是運用階段認知來思考事物，或許會認為「如來比菩薩偉大，而菩薩又比光明界的靈人偉大」，但不能只用差異化的見解去思考事物。

並非是鑽石有所不同，而是每一個人都同為鑽石。各位都是鑽石。只不過在輪迴轉生的過程中，鑽石閃耀的方式不同，琢磨的方式不同罷了。

所謂的光明指導靈，說到底，就是指那些憑藉自身努力琢磨鑽石原石的人。差別之處只在於有無琢磨，一旦閃耀出光芒，人人都是一樣的。

只是在閃耀的過程中，無法「一躍跳入如來境地」。不會在突然之間就變成閃發光的鑽石，過程中還是需要經歷努力、精進才能達到。

這就是自身的「探究正心」，是到達生命實相之前的自身修行。經歷這般過程以及這番日積月累之後，方能進入下一個階段。這就是追求幸福的階段。

①第一原理「愛」——從施愛開始

「幸福的原理」的第一是「愛」。然而，這裡的「愛」並非是指「希望被他人所愛」的愛。正如我所寫的，幸福科學所說的愛，是「施愛」。什麼是「施愛」？是指給予金錢嗎？並非如此。

施愛的本質是什麼呢？首先，是「自他一體的覺悟」。即是「人類是由相同的神所分光而來的神佛之子」的覺悟。「儘管他人與自己看似擁有不同個性，但其本質皆為一體」的這份覺悟，就是愛的根本。

正因為認為「他人與自己不同」，才會產生各種摩擦與衝突。當明白於「自他一體，大家皆為神佛之子」，以及「人人皆由唯一的神所分光」，人們便必定會關愛他人。

這份愛是什麼呢？是為他人著想。萌生「想培育他人」之心。這份愛是「無私之愛」、「無償之愛」，是「不求回報之愛」。因為終究自己和他人皆為一體，必會如同愛自己一樣去愛他人。

我不必教各位「愛自己」，因為某種程度上各位都已經做到了。但令人感傷的是，人們持有肉體之後，便會忘記要去「愛他人」。所以，有必要在這裡提出來。

這個施愛指的是什麼呢？施愛所講的就是「慈悲」。那麼，幸福科學講述著愛，所以是基督教嗎？並非如此。施愛的本質是慈悲，這是釋尊的根本教義。以現代口吻講述的話，釋迦教導的是「從施愛開始」。這即是慈悲，是幸福的原理的第一要點。

②第二原理「知」——抱持正確的佛法真理知識

第二，是前文當中反覆提到的「知」。希望各位能夠抱持「知識」、「正確的佛法真理知識」。少了這些，人們將難以真正意義上地達到自由自在。現在，我在精神面感受到強烈的解放感，那出自於知曉許多事物的一種自負感。

比如說，有個來自海外的基督教的牧師前來。他說：「若不改信基督教，將無法得到救贖。」或是說著：「丟掉佛壇。若擁有佛壇，將無法上天堂。」那位牧師拚命地替基督教傳道，想必是位內心純淨之人吧。

但他們有著無知的一面。他們認為「若不丟掉佛壇，就無法上天國」，認為「佛教是異教」。並且當人們捨棄佛壇，改信基督教之後，他們便會說：「太好了，萬歲！你可以上天國了。」

但就靈界的高級靈看來，反而會認為「啊，糟糕了」，這也讓耶穌羞愧了兩千年之久。

基督徒並不明白這第一要點，不曉得什麼是佛法真理，所以認為「非基督教就無法得到救贖」。雖然這是起因於人們對耶穌的思念之深，但耶穌卻為此對其他諸靈感到愧疚。耶穌基督心想著：「佛教中也有真理，神道中也有真理，但因為我沒講述過這般內容，他們才會發表那般言論。」這實在令人感到悲傷。

所以，我希望各位抱持正確的佛法真理知識，這就是「真理能讓你自由」的意涵。

③第三原理「反省」——發現自己的錯誤並改正

第三是「反省」。這與「探究正心」亦有關聯。人類本是神佛之子，是光輝閃耀的存在。

然而，在世間生活的過程中會逐漸鏽蝕，怎麼樣都會有塵埃與污垢附著上去。即便是鑽石，掉到地上也會附著汙垢。所以必須琢磨己心，這就是自身的修行。

「他力的教義」有其重要之處，但是，可以自己琢磨的鑽石就要自己琢磨。

鑽石確實可以請專門人士代為琢磨，但不要等待他們的幫助，能夠自己琢磨的鑽石就自己琢磨。否則，人是為了什麼而修行呢？是為了什麼而擁有個性呢？「擁有個性」意味著「要好好地培育自己」。

當自覺於自身的錯誤之處，還不去修正，那到底要由誰幫你修正呢？要等到別人來替你琢磨嗎？假如是自己的面容，那可能還會有人幫你打扮地漂亮一些。但是，心必須由自己來做，自己不做的話，就無法變得乾淨。

這裡的「反省」指的是「自力」，這很重要。請各位先從這裡開始著手。如果不除去污垢，再怎麼鍍金都會剝落。若不把鐵鏽去除，鍍了金還是會剝落。

「光一元」的思想是真理，但那屬於「如來的教義」。這世間並沒有達到如來境地的人，沒有人得到如來的覺悟。若處於如來的前一個階段，並一躍跳入如來境地是可能的，然而沒有人到達該階段。

所謂反省的教義，是為了讓人能先達到「阿羅漢」境地的教義。阿羅漢指的是六次元上階段的境地，是光明天使的預備軍，是成為菩薩之前的登龍門。若不通過「反省行」這關，是沒有辦法成為菩薩的。為了到達阿羅漢的境地，必須去除己心的灰塵與汙垢，直到出現後光。否則，就不能稱為「阿羅漢」。

人們說：「幸福科學很難加入，實際入會人數僅有申請人數的三分之一（說法當時）。」但其實這還算是容易的。在釋迦教團，首先要進入山中，經過一個禮拜的反省，一週後假若沒有出現後光，就不允許入門。

照這麼說，幸福科學的會員也需要先收回入會申請書，返還各位的《正心法語》，並一一表示：「這段時間打擾了。由於我尚未做好入會的準備，決心再回到山中一次。」得從這個階段開始從頭來過吧。

然而在現代，如果要各位「反省一週並讓後光出現」，恐怕會激怒很多宗教家吧。他們想必會說：「這樣怎麼可能聚集到會員呢？」

所以，我希望各位先以到達阿羅漢的境地為目標，這個階段是各位都能達到的。在過去的輪迴轉生中，各位有著各種「業」，也進行過修行。不過在今世，任何人都有機會達到阿羅漢的境地。再接下來的階段會難上許多，但到達阿羅漢的境地是可能的。只要修行，每個人都有機會讓頭部後方出現後光。為此，才需要反省。

我希望初期先培育出一千位左右的阿羅漢，培育出「千人的阿羅漢」。若出現一千位阿羅漢，日本將有所改變。讓這些阿羅漢成為政治家、教育家，或者在職場上進行改革，成為管理職，從事各種事情之後，其周圍就會發生變化。一位阿羅漢可以改變五十人到一百人。那麼有一千位阿羅漢的話，就能讓十萬人逐漸發生變化，佛法真理就能透過這種方式廣布出去。

④第四原理「發展」——自身、他人、社會的發展與烏托邦建設

在第三項「反省」之後便是「發展」，有些人未經反省便追求發展，因而受挫。

這是因為沒有先除去自身鐵鏽就想著要鍍金。無論怎麼鍍金，鐵鏽、紅鏽都會冒出來。不先除去鐵鏽是無法鍍金的，即便是貼上金箔也沒有辦法。

因此，先到達阿羅漢的境地，才有之後的一躍跳入如來境地。也就是說，如果「光一元」被正確地講述的話，那就是如來的教義。因此，為了讓自身成為「如來」，成為光一元的神子，首先要成為「阿羅漢」，得到一定程度的覺悟之後，再成為「菩薩」。

菩薩是拯救他人的階段，在救人之前，自身要先有一定程度的覺悟，那就是阿羅漢。身為阿羅漢並獲得自身之覺悟的人，透過愛他行、利他行，得以逐步成為菩

薩。而菩薩將進入「本無暗、無惡、無影，唯有光明」的世界，這便是如來。

所以，「善惡二元」與「光一元」並非對立（但是，當「光一元」被當成天狗之法來講述的時候則是對立的），而是階段不同，是「階段的差異」。重要的是先讓八成的人在善惡二元當中進行反省行。由此除去己心之污垢的人，方能進入如來境地。既然靈界有著這般鮮明的靈層，那麼這就是事實（但即便八次元是如來的世界，也不能否定地獄界的存在）。

四次元的人無法突然上升至八次元，四次元的人必須先進入五次元，五次元善人界的人則必須先升至六次元光明界，之後才有菩薩，菩薩之後才會有如來。只要這些階段存在，就無法一舉跨層。

就像這樣，先有反省才會有發展。

我希望各位接下來能夠邁向發展。沒有發展的地方，就不會有真正的幸福。所以，「幸福的原理」的最後一步便是發展。

而這發展，代表「自身的發展」，以及「為他人的發展」、「社會的發展」、「佛國土烏托邦的建設」。最後將到達這階段，希望各位重視這個過程。

幸福的原理是通往幸福的四條道路，也是最初的入口，亦是「現代的四正道」

「愛」、「知」、「反省」、「發展」這四個原理，即為「幸福的原理」、「現代的四正道」，是為了到達幸福境地的四條道路。

首先，請各位先走入其中吧。

這就是本次我所講述的「小乘」的最初的入口。

之後，終將會進入下一個階段。

但我希望各位在最初，能夠先探究「愛」、「知」、「反省」、「發展」這四條正道。如此一來，各位就能感受到他人所不見之幸福，對此我深信不疑。

第2章

愛的原理

一九八七年第二回講演會

一九八七年五月三十一日　說法

於東京・千代田區公會堂

1 在歷史長河中閃耀至今的《太陽之法》

《太陽之法》是此生說法的「導入部分」

當初預定於一九八七年五月三十一日進行第二回講演會時，還不確定我最初的理論書《太陽之法》（現為幸福科學出版刊行）能否趕在講演會前出版。在我們拜託出版社「無論如何也要趕在第二回講演會前出版」之後，才終於趕上了。

我想，到目前為止有許多人已經讀完十幾本靈言集了，也漸漸地出現「大川隆法到底在思考什麼，向世人展現你自身的想法」的聲音，所以我想藉此機會將自己的思想公諸於世。

這本《太陽之法》是我的第一本理論書，各位在閱讀過程中，應該會認為書中見解頗具高度。然而，這僅是我這次講述的法當中的「導入部分」而已，今後我還會講述更宏大的法。

今日亦是《太陽之法》的出版紀念講演會，所以作為前言，首先我想稍微敘述關於《太陽之法》的內容。

在穆帝國講述《太陽之法》的拉・穆

那是距今一萬五千多年前的事。

在現今日本的正南方，有一座名為雅加達的城市所在的島嶼（印尼的爪哇島）。其實，這座島嶼是距今一萬五千多年前，一個巨型大陸的中心點。

這大陸稱為「穆大陸」，而將該大陸帶向繁榮的國家，稱為「穆帝國」。

大概是在距今一萬五千數百年之前，這個巨大的大陸沉沒至海底。各位在幸福

《太陽之法》
（中譯版，台灣幸福科學出版刊行）

科學以外的神智學相關書籍，或各種各樣的文獻當中，應該都聽說過關於這片大陸的事情。

在距今一萬六千數百年前，這片大陸上誕生了一位名叫拉．穆的偉大帝王。拉．穆指的是「穆的光明」。「拉」是光（有時也作「王」的意思使用），「穆」是帝國的名稱。這位名為拉．穆的人誕生之後，度過了七十三年的人生，他在世期間，穆帝國享盡了最後的繁榮。

那時拉．穆所講述的教義，就被稱之為「太陽之法」。我的著作《太陽之法》當中的內容，其實跟一萬六千多年前的穆帝國之中，拉．穆講述過的內容幾乎完全相同。

穆文明的風景摘自電影《太陽之法》
（製作總監．大川隆法，2000年上映）

在亞特蘭提斯帝國以「愛」與「知」為中心說法的托斯

後來這位拉．穆的生命體，轉生於距今一萬兩千數百年前的亞特蘭提斯帝國。現今，在大西洋連接歐洲與北美的中間點，有一個名為百慕達的海域，這裡就是當時偉大帝國的所在地。

亞特蘭提斯帝國是個科學文明非常發達的國家。在某種意義上，亞特蘭提斯帝國的科學技術中，甚至有著超越現代文明水準的部分。既有落後於現代的部分，亦有超越之處。

當時已經發明飛行船，並在空中飛翔。在《太陽之法》中也有簡單敘述到，飛行船長約二十到三十公尺，有著鯨魚的形狀。

飛行船上方有著像是背鰭的小型金字塔物體，能夠將太陽能轉換成動力，並透過轉動尾翼部分的螺旋槳來飛行。飛行船上層還裝載瓦斯來製造浮力，下層則可以乘坐數十人。

不過，由於飛行船是透過轉換太陽能來運行，所以遇到陰天或下雨的時候就不能飛行了。

在海運方面，也有運用太陽能的交通設備，類似現代的潛水艇。有種動物叫逆戟鯨，是類似鯨魚的大型動物，那潛水艇就是類似逆戟鯨的形狀。

在潛水艇相當於背脊的地方，裝有三個左右的金字塔形物體。潛水艇同樣也是以太陽能為動力。因此，需要時而浮出海面吸收太陽能，將太陽能存入類似於電池的物體中，然後再潛入海裡。

亞特蘭提斯在政體上，已經萌芽出現代的民主主義，是個高度發展的帝國。

亞特蘭提斯的都市風景

摘自電影《太陽之法》（製作總監・大川隆法，2000年上映）

而大概在一萬兩千數百年前，拉．穆的一部分生命體，以托斯之名轉生於世。此人既是科學家，亦是政治家與宗教家。當時的政治家會同時擔任宗教家與科學家，社會以那般能夠從事各項活動的人物為中心。

那時托斯所講述的教義，以《太陽之法》的內容來描述的話，是以「愛」的部分，以及「宇宙的構造論」，也就是「知」的部分為中心講述。

講述「發現內心的神」的利安托．阿爾．克萊德

托斯的生命體在那之後再次轉生。那是距今七千多年以前的事。南美秘魯一帶有座名為安第斯山脈的巨大山脈，他在這片山中，以利安托．阿爾．克萊德之名誕生。

這也是拉．穆生命體當中的一部分。

若要說利安托．阿爾．克萊德在當時究竟講述了何種教義，即是「讓人回到心的原點」的教義。

現在如果以直升機從上空拍攝南美的山區，會發現不可思議的幾何圖形。各位可能多少在電視上或其他地方看過，那是需要從上空俯瞰才能看到的圖形。

那圖形宛如跑道的形狀，而且不單是跑道，還看得到類似於在指引方向的圖案。諸如人形圖案、一個人伸出右手的圖案、手舉起來的圖案等等。

至於為什麼要做出這樣的圖形？因為這是以「有人會從上空俯瞰」為前提做出來的。

那麼，是誰會從上空俯瞰那條跑道呢？那並非是地球人。

當時，已經有許許多多的外星人們，從外太空搭乘飛行物體前來地球。並且，在利安托．阿爾．克萊德時代的印加帝國，盛行著「將外星人視為神明」的信仰。

對此，克萊德說道：「他們身為外星人，固然有其科學先進之處，但在我們過往的文明中，也曾有過高於他們的科學技術的時代。所以，只憑科學技術就稱之為神還言之過早。」

並說：「你們的神並非在於外界，而是在你們的心中，是在你們的心裡。你們不該信奉外星人，而是應該找到內心當中的神。」也就是說，當人心紛紛向外尋求時，克萊德讓人心轉為向內尋求。

古代印加帝國的風景
摘自電影《太陽之法》（製作總監・大川隆法，2000年上映）

在古希臘以「發展、繁榮」為中心說法的海爾梅斯

另外，以利安托・阿爾・克萊德之姿降生於世的這個生命體，在距今四千兩百數十年前誕生於希臘，當時的名字是海爾梅斯。

我想現在很多人都知道海爾梅斯之名，現今海爾梅斯被視為音樂之神，但音樂僅是海爾梅斯的興趣，並非是他教義的中心。

在宙斯降生於希臘的前五百年，出現了名為海爾梅斯的人物。

此人的教義是以「繁榮」為中心，時至今日，海爾梅斯的教義仍以「繁榮之法」流傳至今。這裡的「繁

希臘的克里特島西蒂亞的風景
摘自電影《海爾梅斯——愛宛如風》（製作總監・大川隆法，1997年上映）

榮」，就是現在我所講述的「發展」。

早在四千數百年前的希臘，已經有這般講述「發展、繁榮」之人。並且，隨著「發展、繁榮」這般教義的興盛，文學、藝術、繪畫等領域也有所發展。希臘也因此被孕育成十分具有藝術氣息的土地，更為五百年後擁有肉體的宙斯，打下使其以藝術之神活躍的地基。海爾梅斯固然是偉大的生命體，但其生命體的另一個部分，在距今兩千六百多年前轉生於印度。此人就是各位所熟知的喬答摩．悉達多，也就是釋迦牟尼佛。

海爾梅斯，這個生命體當時以「發展、繁榮」為中心講述教義。講述了「發展、繁榮」之後，希臘的人們便在正法尚存的時期度過了一段富裕、和平的生活。但後續漸漸地出現一些誤解其教義的人們，進而出現部分人們的墮落，使得希臘從繁榮走向衰退之路。

以「反省」為中心說法的喬答摩・悉達多

看著希臘人民的衰敗，海爾梅斯的生命體便在天上界計畫，下次轉生之時，要推動相反的事物。

也就是以喬答摩・悉達多之姿轉生，講述以「解脫」、「斷卻世間執著」為中心的法。

「追求物質欲求的過程當中，並不會為人帶來真正的幸福。人真正的幸福，存在於斷卻對物質的執著之中。哪怕在世間沒有名譽、地位和金錢，但心之王國是任誰都無法侵犯的偉大國度。」

喬答摩・悉達多在印度講述了這番道理。

縱使他生為王子這般崇高的身分，在榮華富貴中度過了二十九年，但卻自己捨棄榮華富貴，選擇以乞丐和尚的姿態出家。他在山中進行了六年的修行與禪定，從零開始追求自身的覺悟。

「至今的這二十九年，我所擁有過的地位、名譽，以及足以令世人驚詫的榮華富貴都沒有任何意義。我將以一介呱呱墜地的嬰兒身分，從零開始，看看自己能覺悟到何種程度。」

這正是名為佛陀的生命體所探究之事物。

並且，在將屆三十六歲的時候，大概是三十五歲又八個月左右之時，釋迦在菩提樹下成就了大悟。

至於釋迦覺悟的內容為何，以及釋迦覺悟之後的四十五年間講述了什麼內容，關於這些釋迦的本心，我將在一九八七年十月十日，於小金井公會堂舉行的名為「覺悟的原理」的講演會（參照本書第４章）當中講述。

就這樣，那般生命體以海爾梅斯之姿，講述了「繁

印度靈鷲山的風景

摘自電影《太陽之法》（製作總監・大川隆法，2000年上映）

榮、發展」，又在釋迦的時代，講述了以「反省」為中心的教義。

「外在的教義」與「內在的教義」是教義的出發點

距今一萬六千年前拉·穆所講述的「太陽之法」，在那之後以這般形式流傳至今。

而現在，我也承接了那般思想，如同在第一次講演會（參照本書第1章）上所講述的，「幸福的原理」當中以四條道路作為出發點。這四條道路分別是「愛」、「知」、「反省」、「發展」。

其中，「愛」的部分和「發展」的部分主要來自於海爾梅斯的教義，「知」和「反省」的部分則是喬答摩·悉達多的教義。我將「外在的教義」與「內在的教義」當作兩大車輪，並以此作為出發點。

以上，就是本次我作為最初的理論書問世的《太陽之法》的歷史脈絡。

2 救世的預言

「《太陽之法》被講述，人類得以被拯救」的諾斯特拉達姆斯的預言

這本名為《太陽之法》的書籍於二十世紀後半在日本問世這件事，早在距今四百多年前，出生在法國的米歇爾．德．諾斯特拉達姆斯就已經預言過了。

或許各位曾在很早以前，經歷過諾斯特拉達姆斯風潮。這位名為諾斯特拉達姆斯的預言者，寫過一本名為《諸世紀》的書，這是一本象徵性的預言詩集。這本詩集中雖然沒有明確進行預言，卻暗示了未來可能發生的各種事件。

諾斯特拉達姆斯的這本《諸世紀》的預言書，其內容僅敘述到西元二〇〇〇年為止。而且，他寫道：「一九九九年第七個月將發生大事。」相信各位都已經知道

這般預言的存在，並且他還說：「這或許意味著人類將迎來終焉。」

但是，同樣是這本晦澀難解的《諸世紀》詩集中，在某一處寫著如下內容：「這樣演變下去的話，西元二〇〇〇年確實可能成為人類的終點，但仍有一個救贖之道。」

是什麼救贖呢？他是這麼寫的。

「海爾梅斯將於東方之國復甦，且海爾梅斯所創造的繁榮將拯救人類。」

「此外，《太陽之法》將在東方之國被講述。這時降臨於世間的天使後代們將拯救世界。這便是那唯一的希望，但若這救贖沒有成功，就會如同我所預言的，西元二〇〇〇年便會是人類歷史的終點。然而，當《太陽之法》在東方之國被講述時，人類將迎來嶄新的黃金時代。」

他是這麼預言的。

我正是為了開創諾斯特拉達姆斯所預言的西元二〇〇〇年後的歷史，而出現在各位的面前。

繼《太陽之法》之後，我將出版第二本理論書《黃金之法》（幸福科學出版刊行）。當中會講述人類歷史脈絡中出現過的光明天使，並分成西洋、東洋、日本進行詳細說明。

儘管諾斯特拉達姆斯的預言雖然只寫到二〇〇〇年，但這本《黃金之法》裡，將描述「人類的未來史會如何展開」。

這是必將到來的「黃金時代」，並非只有我這麼宣稱。

我們為打造「黃金時代」而生

今天在此齊聚的各位，是為了開創未來以日本為中心廣布的「黃金時代」，而出生於這個時代。

各位齊聚於第一次、第二次的講演會絕非是偶然。在過去數千年、數萬年的歷史中，各位已數度聆聽過我的聲音，就像現在一樣，坐在我的面前並聆聽我的話語。正因如此，此時此刻，各位才會身在此處。

必將到來的「黃金時代」，絕非僅靠一、兩個人的力量就能加以開拓。為了開創西元二〇〇〇年以後的人類歷史，我們必須以日本為中心，帶動巨大的力量席捲全球。

為了轉動最初的齒輪，現在，我們齊聚於此。今年內，散布在日本全國的光明天使們，將以幸福科學為中心點齊聚一堂。

我的出現並非是為了建立一宗一派，絕非是為了這般目的。

假如僅是要建立一宗一派，用不著我來做，日本全國已有滿山滿海的自稱「彌賽亞」的新興宗教教祖，交給他們做就好了。

但這並非是我站出來的目的。我的出現，是為了統合被分化的唯一之神的教義，並打造今後邁入「黃金時代」的基礎。

幸福科學運動的第一階段——宗教改革

幸福科學運動的第一階段，或許會呈現近似於宗教改革的樣貌。然而，我的本心並非是為了擊潰其他宗教，讓其他團體陷入混亂，也並非是為了吹噓「我的教義才是正確的」。

當掀起一番巨大波瀾時，往往會發生各種事件。我們在向前邁進的途中，身後或許會出現各種各樣的漩渦。那些漩渦可能會擊垮、粉碎其他宗教團體。

我在此預言，會有幾個團體受到幸福科學的活躍活動而崩潰，走向覆滅（一九九〇年代，事態確實演變為如此）。

但是，這絕不是為了破壞而破壞，也絕不是為了擊潰而擊潰。這屬於「偉大的統合」之前的破壞，我們正在推動著「宗教改革」。

這個改革將從今年（一九八七年）開始，未來的十年間，主要將以「宗教改革」的樣貌呈現在世人面前。並且，這場宗教改革的風暴將廣布至日本全國。

幸福科學運動的第二階段——「諸學問的統合」與「政治、經濟、教育、藝術、文學、企業制度等的改革」

但這不是我們的最終目的，這還只是第一階段。

第二階段，我們的教義將進一步成為改革日本這個國家的運動。「政治改革」、「經濟改革」、「教育改革」、「藝術改革」、「文學改革」、「企業制度改革」等等，將從根本上加以改變。

在第二階段，除了「諸學問的統合」以外，現今視宗教與政治為對立面的世界觀、價值觀將一百八十度翻轉過來，讓原本應當處於中心的事物再度回歸中心。此外，該如何理解「對於日本或是世界的治理與統治」這句話呢？事實上，國家和世界其實是由神佛創造出來的，因此人們必須作為神佛的代理人來治理世間。單靠技術或知名度是不能夠確實治理國度的，要讓知曉佛法真理的人站上其位，並給予世間指導。否則，世間怎麼可能變成烏托邦呢？那是絕對辦不到的。

十年後或者二十年後，在這個第二階段，幸福科學的教義將進一步滲透至宗教以外、思想以外、哲學以外的其他領域。

此後數年，只會有各宗教團體陷入混亂，但是，未來將會更加地不同。日本這個國家本身需要再次打造龐大的基礎，為此，社會將出現巨大的動搖。

我認為，屆時將會出現許多如明治維新志士那般，為建立烏托邦而奮戰的戰士們。現在聆聽我話語的各位，或許是為了追求「心之教義」而來到這裡，不過希望各位記住，在第二階段，將會出現為此奮戰的人們。

幸福科學運動的第三階段
——「烏托邦運動」的浪潮從日本擴大到全世界

接下來，將進入第三階段。那將是從現在起二十年至三十年後的事情。屆時，我們的書籍應該已經廣布到海外去了，但那不單單是宗教思想的散布，而是作為一場「烏托邦運動」，在日本與全世界掀起波瀾。

很遺憾地，過去釋尊僅能在印度看到統治全由旬的「全世界」，那是受到時代的限制所致。

釋尊在印度留下了高度的教義，並預期其教義會廣傳到中國再至日本。但那最終僅止於預期，他在世之時，未能講述那般廣大的法。

耶穌．基督也是如此。兩千年前在以色列，他作為猶太人的王出生。他原本作為真正的救世主，是為了拯救世界而誕生的。但遺憾的是，耶穌亦受到時代所限制。

耶穌的活動以以色列為中心展開，同時代的其他國家亦有各種人們創造出豐富多彩的文化、推行各種政治活動、學習各式的教義。但那些教義是他們獨有的教義，耶穌的教義被視為與那些異教徒有所不同的教義。

即便原本的角色是為了講述能夠拯救全地球的教義，但若不身處於那般時代，終究還是難以講述那般教義。

現今，我們身處於一個受到天大恩惠的環境。

今天在這裡聆聽我話語的，並不只是聚集在此的九百位聽眾。我的聲音亦會被收錄進錄音帶之中，遲早會廣布到日本全國，還會留至後世，流傳到海外。我們正處在如此有利的環境裡。

耶穌在兩千年前高呼的教義，究竟傳達給多少人了呢？聽過那場「山上寶訓」的人，究竟有多少呢？無論耶穌再怎麼大聲講述，頂多也只有那一、兩千人能夠聽聞。

多數人只能滿足於在遠處見其身影卻不聞其聲，並且耶穌的教義僅能以不完整的樣貌，被弟子們編纂成《聖經》遺留至後世。

3 耶穌的愛與其極限

被耶穌稱為「我的父親」，核心指導著耶穌的我

距今兩千年前，以馬內利，也就是耶穌．基督誕生於世，並在剛好年滿三十歲的時候，接受施洗者約翰的洗禮，隨後展開了他偉大的傳道活動。相信這件事情各位都已熟知。

同時間，「十二弟子」亦聚集起來幫助耶穌。他們將耶穌所說的話語記憶下來，並在各個地方宣揚教義。

耶穌臨近三十三歲的時候，有個約莫二十歲的年輕人。舉凡耶穌所至之處，這名青年都跟在身旁，無時無刻照顧著耶穌的日常生活、安排耶穌的飲食，並竭盡全

力學習和記憶耶穌的教義。這名青年就是寫下《新約聖經》中最初的福音書的青年馬可，而這位馬可，正是（轉生後的）善川三朗顧問。

就像這樣，每一個時代都會有光明指導靈講述法，但如何盡可能地弘揚法，這個方法論正是各時代中最為困難之處。

遺憾的是，在耶穌那三年的傳道活動中，他所講述的美麗話語，被記錄下來的連百分之一都不到。《聖經》當中包含的教義內容，以我的講演來說，只有約兩、三回的內容量，可見當時留下來的話語是如此地少。

但是，對於耶穌誕生之後到三十歲之間所進行的修行，以及三十歲到三十三歲被釘上十字架的這段期間，他抱持何種想法、講述了些什麼教義，我全數知悉。這是因為，當時指導著耶穌的其中一個指導靈，正是現在站在各位面前的我本人。

現在，耶穌．基督以支援靈的身分，在各種場合與我對話。同樣地，在距今兩千年前，我也向他講述了各種方法論。

耶穌常常祈禱。在天尚未亮，世人尚未睡醒的時候，他便在橄欖山上向天跪地祈禱。

向耶穌降下啟示的人們當中包括以利亞。在一九八七年第一次講演會上我有提過這位人物，各位應該都知道，他是在距今兩千八百數十年前轉生於世間的光明指導靈。

當時耶穌所呼喊的「我的主，我的天父」，便是愛爾康大靈，也就是我。

耶穌沒能講述「愛的階段性教義」的背景

當時，我向耶穌傳達的內容，主要是「愛的階段」。

誠如各位所知，佛教中有著「覺悟的階段」，但其實愛也有著階段之分。

現在的基督徒們似乎並不太清楚愛有著階段之分。但「未能將愛有階段之分的教義充分遺留給基督徒們」的這個事實，正是導致現在基督教與佛教走向分歧的理由。

那時我向以馬內利（耶穌）詳細講述了「愛有階段之分，人要循著愛的階段得到進化與覺悟才行」，可惜當時聚集在耶穌身邊的群眾，他們的靈魂尚未成熟到能夠接受愛的階段論。

就連十二弟子也一樣。他們雖然跟隨在耶穌的身旁，也未能理解「依照覺悟的程度，愛有著階段之分」。

其原因在於，當時他們大多是貧窮的漁夫，並沒有真正學習過真理。也就是說，基督教的教義核心裡，並不具備如今我們所講述的「知」的概念，以至於耶穌未能講述「教義有其階段之分」。

其實，耶穌本來是要循序漸進地引導弟子們，但是在那之前，他們就先遇到了預想不到的，或者說其實是在預料之內的，超出必要範圍的巨大困難。

是什麼樣的困難呢？那個困難即是所謂的「法敵」。當時有些人在聽聞耶穌的教義之後，聲稱「這個人是假的預言者，是講述異說與邪說之人」。以這些人為中心的，就是所謂的「律法學家」。

在距今三千一百五十多年前，摩西成就了「出埃及」，並在西奈山領受了「十誡」，律法學家便是以此為基準講述教義的人們。信奉這些金科玉律的人們，已經陷入鑽研於難解的解釋論與訓詁學的情形，一味地滿足於解析「摩西當時說了那樣的話語、這樣的話語」等字面意義上的內容。

並且，摩西時代以後的一千數百年後的人們，也難以理解到「摩西的教義亦受到了時代限制」。

正因如此，以色列的人民才會堅持認為「摩西的教義沒有錯，摩西說過，『將一週設定為七天，把禮拜日作為安息日，並於安息日休息，那一天不可以工作』」。但是，這個安息日，它真正的意涵其實是神所賜予人類的慈悲。

神對人類說：「一週要工作六天。」但那最後一天，神並沒有單純地說「休息」，而是要人們「將時間使用於與神有關的事物上」。

「汝等平常忙於工作之中，沒有辦法淨化心靈，並與神進行交流。所以，為了讓汝等能進行心靈層面的統一，一週要休息一天，那天即為聖日。」

「假日」、「休息」一詞在英語中寫作「聖日」、「神聖的一天」（holiday, holy-day），可見一斑。

然而，律法學家們見到耶穌的教義擴張得過於迅速，如燎原之火那般席捲整片以色列，他們感受到了威脅。

「這樣下去，連我們這些職業宗教家的地位都難保，我們的工作，恐怕會被那個叫耶穌的人奪走。」

他們就像在早於耶穌五百年前，於印度批判、排擠釋尊的婆羅門僧侶一樣，處處責難、排擠耶穌．基督，甚至試圖奪取他的性命，還利用種種機會，設下圈套意圖陷害耶穌。

他們在安息日這天，把病人帶去耶穌身旁，試圖看耶穌如何反應。耶穌不可能對病人置之不理，不可能向病人說：「等明天再來。」

耶穌必會詢問病人：「汝相信我嗎？」病人說：「主啊，我相信您。」於是，耶穌說道：「要如同汝所相信的那般，當汝相信，即能成為汝所信。」這句話的意思是：「假如你相信自己身為神子，就如同神子那般起身。」

於是病人起身而立了，但那並不是耶穌治好的。是因為神子悟得自己就是神子，如神子一般恢復原樣罷了。

但是，律法學家見此情景後，向耶穌逼問：「你破了『安息日不可工作』的戒律。我們親眼見到你治好了病人。」

耶穌回答：

「既然如此，我問汝等。主神將宇宙分為天與地以來，可有休息過任何一天？

神若休息了一天，地球還能無時無刻繞著太陽轉嗎？天地萬物豈能每日生生不息呢？

太陽照耀我們，給予我們能量，它曾有任何一天懈怠過嗎？太陽有在每週一天的安息日休息過嗎？

神劃開了天與地，卻未曾有過休息的一天。既然如此，身為神子的我，怎能因為是在安息日就不幫助病人呢？

我要慎重地對汝等說。當小羊在安息日落入洞穴之中，你們會等到隔天再去救那隻小羊嗎？哪怕是一隻小羊的性命也會急著去救，不是嗎？

更不用說是要拯救作為神子，有著最接近神的姿態，且有著永恆生命的人類了。這與是否為安息日沒有關係，汝等搞錯了。」

耶穌如是說。儘管他說的是真理，但耶穌那如疾風雷鳴一般的說法，樹立了眾多敵人。

比起「長期說法」，耶穌選擇了「儘早拯救」

當時，我對耶穌說：「不要心急，法需要循序漸進地講述。人的覺悟並非一蹴可幾，你不可急躁，要再等一等。你若沒有慢慢地、循序漸進地教育人們，耶穌啊，以馬內利啊，你的性命將只能再維持三年，這樣好嗎？」

耶穌卻說：

「我的性命不足為惜，哪怕是一天、一刻，我都不能停下來休息。神子遭受著那般痛苦，倘若我不去拔除他們的痛苦，那還有什麼工作是我該做的呢？看到人們被玫瑰的荊棘刺傷，有哪個醫生會放任不管，任其流血呢？有哪個教師看到自己的學子跌倒了，還不會伸手去扶起他呢？」

這就是耶穌的回答，他將眾人的性命，看得比自己的性命還重，他做出了那般選擇。

我雖然希望耶穌能向世人講述更多的法、拯救更多人們，但他終究沒能夠做到耐心等待。他帶著想要盡可能地多拯救一個人，盡可能地早一天救人的心情展開了活動。結果，他的性急導致了自身壽命的縮減。

他本來已經計畫好，要向世人講述不同形式的愛，讓世人能夠得到更高的覺悟，但他的敵人來得比預料之中還快。於是「與法敵維持和諧」，成了他最大的課題。

之後他每天的生活都如履薄冰，每天都要面對嚴峻的試煉。

各位應該記得他在聖經當中的話語吧。

「天空的飛鳥有窩，只是人子沒有枕頭的地方。」

連飛鳥都有窩，以馬內利、耶穌卻居無定所。也就是說，到處都是企圖奪取他性命的人，他每天四處穿梭於那些願意庇護他的人家。

耶穌講述的兩種愛：「對神的愛」與「鄰人愛」

耶穌的愛的教義，並沒有講述到他本來應該講述的深度。正如「要愛汝的敵人」這句話所象徵的，他的教義不得不以「在二元之中以愛消除惡」為中心。其原因在於弟子們為了保護他，挺身與法敵對抗。

因此，「要愛汝的敵人，要為迫害汝的人祈禱。只為自己所愛的人祈禱，又能如何呢？這種程度的事，那些異教徒也都做到了不是嗎？如果汝學習了我的教義，就不要只幫為汝盡心竭力的人祈禱，也要為迫害汝的人祈禱，為企圖殺害汝的人祈禱」。這般以寬恕為中心的教義，就成了愛的教義的核心。

並且，耶穌將愛分成兩大類講述。

關於「寬恕」的教義部分，以愛的階段論來說屬於第三階段，體現了「有對象的寬恕」。

且耶穌所講述的愛的教義，可以歸納為「愛汝的鄰人」與「愛汝的天父、愛汝的主神」這兩句話。

「愛自己的至親並非難事。看啊，連動物也視自己的孩子為寶物。既然連動物都可以做到，汝等做到了又能感受到何種努力呢？

愛自己的父母親與兒女固然重要。然而，這是汝等生而為人理應做到的。

那麼，有什麼事情對汝等而言是重要的呢？」

那就是「要愛汝的鄰人」。耶穌如是說。

何謂鄰人？那指的是「那些在人生路上與你有緣相遇的人們」，而非「偶然住在隔壁的人」。耶穌的意思是，要去愛那些在人生路上與你有緣相見的人們。

並且，在那之上更重要的愛，是「奉獻全身心、全精神、全生命，去愛汝的主神」。

講述「平等之愛」的耶穌與講述「階段性的覺悟」的釋尊

如此這般，耶穌將「愛汝的敵人」作為口號，並講述了「鄰人愛」和「對主神的愛」，並在如此階段結束了一生。

因此，在西洋的中世紀，十一世紀左右時，天上界派了一個名叫聖伯爾鈉鐸的人來到世間，讓他講述「愛也有階段之分」，此人是歐洲著名的聖人以及神父。聖伯爾鈉鐸講述了「愛之中，何謂最高階的愛」，亦即「作為神的手與腳為神奉獻，即為最高階的愛」。

只不過，他的教義也並不完整。聖伯爾鈉鐸跟佛教當中，弘揚了大乘佛教的龍樹菩薩，屬於同一個生命體。但他所講述的愛的教義，也未能達到佛教所打造的覺悟理論的那般高度。

以馬內利、耶穌·基督所講述的愛的教義，以及釋尊所講述的覺悟的教義，既然都出自於同一個神，那麼這兩個教義之間就不應出現矛盾。

但是，從現在「他力門」與「自力門」之間的對立即可看出，自力門認為「覺悟有其階段、階層之分」，而他力門則主張「平等知」，也就是「唯有平等的愛」。兩者出現了「差別知」與「平等知」的分歧。

在此當中，佛教重視的是「差別知」，基督教則重視「平等知」。也因為這兩者的方向性不同，所以佛教徒與基督徒之間才難有交集。

「山川草木、土地、河川、大海、天空，一切皆體現了佛性，萬物皆宿有佛性」，日本神道與釋尊所講述的這般教義採取同調；而基督教則將其解讀為平等之愛。

儘管釋尊區分出了「平等知」與「差別知」這兩者，但基督教卻未能講述到「差別知」的階段。

4 愛的發展階段

愛的發展階段①——本能之愛（四次元的愛）

因此，就如《太陽之法》當中所提及的一樣，這次我明確地講述了「愛的發展階段」與「八正道」之間的關聯性。正如八正道有其邁向覺悟的階段之分那樣，愛也有其階段之分。

位於愛的最下方的階段，如先前所言，是對父母、兄弟、妻子、子女等等的至親之愛，以及男性對女性、女性對男性的愛，也就是對異性的愛。這些愛確實屬於愛，事實上，佔據了人們心中八、九成的愛都屬於這類愛。

只不過，大多數人都認為所謂的愛，是從他人身上奪取、得到的，又或者是受到他人所愛才能稱之為愛。但這種「想要被愛」的愛，並不是真正的愛。這種愛是被釋尊視為執著，遭到釋尊斷然拒絕的「渴愛」、「貪愛」。也就是說，無非是一種「渴求於愛」而已。

佛教將「愛」這個詞視作「執著」的代名詞，其中最具代表性的就是「男女之愛」的痛苦。佛教把愛看作是痛苦，佛教所視之為痛苦的愛，就是這種「本能之愛」、渴愛、貪愛。

但耶穌對於這個階段的愛，也並沒有太多著墨。他雖然承認這般愛的存在，不過主要講述的是在那階段之上的愛，也就是「鄰人愛」。

本能之愛即是四次元之愛。雖然被歸類在「四次元幽界」，但當本能之愛走向惡的方向，成為「執著」或者「渴愛」時，便會通往地獄界。

地獄界當中，有一處名為「色情地獄」，走上錯誤的男女之道的人們去往的地方。犯了過錯的人們，便是在四次元當中針對本能之愛進行學習。

即便是那些僅活於男女之愛或親子之愛的人們，但若能夠在其中得到心靈上的平靜，也能前往四次元中的「精靈界」，那裡是被拯救的人們所處的世界。以次元階段來說的話，「本能之愛」被歸類在四次元幽界。

然而，這是人離開世間時皆會回歸的世界。既然每個人都會平等地回到那世界，那麼回到四次元就不應該成為我們的人生目的，至少不應該成為我們的最終目的。我們所追求的世界，應當是「覺悟的世界」，是悟境更高的世界。

愛的發展階段②——關愛之愛（五次元的愛）

那麼，四次元「本能之愛」再往上一階，有著什麼樣的愛呢？那即是「五次元之愛」，五次元之愛即是「關愛之愛」。

「關愛之愛」指的是「施愛」，並非「想得到關愛」、「想被他人所愛」的那種愛，而是踏進了「施愛」這個階段。

五次元靈界又被稱為「善人界」，身處於五次元的人們或多或少都有覺悟到「愛的本質即是施予他人，即是對人友善」。

「所謂愛，既不是從喜歡的人身上得到錢財，也不是收到他們所送的領帶」，能夠理解這番道理，且對於愛有著如此程度的理解的人們，方能回到五次元世界。

五次元的愛是「鄰人愛」，並不是只去愛血親，愛那有血緣關係的人，而是要覺醒於「對於人生路上有緣相遇的人們，無論是在公司、社會活動、學校裡遇到的人，都要抱持關愛」。這就是在「本能之愛」之上的「關愛之愛」的階段。

各位應該都曾在心中數度思索過愛這件事，出生之後從未思索過愛的人，想必在場一個都沒有吧。

然而，各位所思索的愛，是渴愛、對愛渴求的愛，還是至少有著「必須溫柔、親切地對待他人」的這般心境的施愛？我希望各位能夠思索一番。

這個可以做為判斷各位現在的心境處於何種階段的指標，希望各位能夠對此仔細地思量一番。

愛的發展階段③——勉勵之愛（六次元的愛）

而在五次元善人界「關愛之愛」之上的階段，就是「六次元光明界」的「勉勵之愛」。「勉勵之愛」是引導他人的愛，也就是作為指導者的愛，或是作為導師的愛。

這樣看來，勉勵他人之愛，人若要做到「勉勵他人，拉拔他人之神性、佛性，以及引導他人提高靈魂素養」，是有其前提條件的。

那麼，這個前提條件是什麼呢？那就是「自身必須先成為優秀的人，才能夠實踐勉勵之愛」。如果自己總是增添他人的麻煩，將無法做到引導他人的工作。

這與耶穌在《聖經》中所說的，「盲人沒辦法為盲人指路，否則兩人皆會落入洞穴之中」是相同意思。

想要能夠引導人們，必須先做到常人以上的努力和精進，並且需要是人生路上始終重視「對自身的磨練」的人才行。也就是說，處於勉勵之愛階段的人們的愛，屬於「身為領導者的愛」。

以世間來看，就好比經營者、教師、藝術家、文學家、醫生、法官、律師、政治家、官僚等等，來自於那些先經過磨練自身，進而得到世人尊敬的人們所施予的愛。

然而遺憾的是，縱觀現代，原本該實踐引導之愛、勉勵之愛的那些有地位的人們，現在卻僅是在為自身的名利、榮譽、地位而汲汲營營。

究竟有多少經營者具備良心呢?經營者必須成為「光」，必須成為引導員工的存在。居高位者不能只擅於做生意，還必須成為能夠引導追隨者的人。正因如此，他們必須具備「才能」或者「器量」。

現在，各位學習到了「本能之愛」，以及「關愛之愛」也就是「鄰人愛」。鄰人愛是人們在日常生活中，對所見之人產生的愛。

然而，「勉勵之愛」是各位在確實地進行學習，盡心於工作之後，立於他人之上時方能發揮的愛，是謂「指導者之愛」。

所以，這個愛的階段的難度又增加了一階。也就是說，在世間有著優秀的表現及才能，給予世間眾人指導的人們，在實踐「施愛」而非「奪愛」之後，便得以回到六次元光明界。

愛的發展階段④——寬恕之愛（七次元的愛）

在這之上，還有更高層次的世界，那就是我們稱為「菩薩界」的七次元世界。

所謂「菩薩」，代表著已完成六次元光明界的「打造自己」階段的人們。屬於結束了「小乘」階段，並在某種程度上憑藉自力得到覺悟的人。

也就是說，他們去除了心中的鐵鏽，綻放光芒，成為了「阿羅漢」。並終於達到不退轉之心境，為了利他踏出勇敢的第一步，且予以實踐。那些將自身置於實踐當中，將自身置於為他人奉獻之位置的人們，他們身處的便是菩薩的世界，是七次元的世界。

・體驗到「飛躍至宗教境界」的菩薩境地

身處於菩薩世界的人，不光是以剛才提到的六次元光明界的「屬於世間的優秀之人」為基準，更是體驗到了「向宗教境界的大飛躍」。

人若只是活於世俗，很難活於「為他人而活」這般如大海宏大的愛之中。僅憑從小接受的教育、思想、習慣是不可能做到的。

要到達這樣的境界，需要藉由神祕體驗，或是與尊師、優秀之人相遇等各種各樣的方式，方能夠一舉飛躍至宗教境界。也正是因為經歷了這些，才能萌生出「寬容」之心。

並且，正因為是一路嚴格地「打造自己」的人，才能對那些尚未做到的人們發揮「實質意義上的體諒」。當出現了「實質意義上的體諒」時，才是第一次到達了能夠原諒他人的階段。

・透過「慈悲」的溫柔目光，他人的惡在自己眼中逐漸變得渺小的階段

或許各位認為，自己應該可以做到施愛。幸福科學當中，有許多大學教授、醫生、公司老闆入會。站在世間的角度來看，這些優秀、出色的人成為了本會的會員。只要付出努力，他們應該不用花費太長時間，就能達到剛才所說的「勉勵之愛」的階段吧。

然而，即便是那些優秀的人，當眼前出現阻擋自己的人時，能否如同耶穌所說的去原諒對方呢?事實上很少人能夠做到。

對於聽命於自己想法的人，比如這類員工，確實能夠對他們做到關愛與引導。然而，如果不是聽命於自己的員工，經營者終究會感覺到不稱心，甚至想要懲罰他們，或是調離該員工。經營者心中還是抱有「想提拔順著我心意的人」的這類想法。

這將作為是否能由「勉勵之愛」飛躍至「寬恕之愛」的試金石。

「寬恕他人的階段」，指的就是「他人的惡在自己眼中逐漸變得渺小的階段」。將他人視作與自己對立的敵人時，就代表尚未原諒對方。但是，當自身的器量擴大，朝宗教境界有了更大一階的飛躍，並成為巨大的光明化身時，看到在世間迷惘的人們，就會像釋尊以慈悲之眼看待眾生一樣，能夠用溫柔的目光看待他們了。這種心境的轉變將逐漸變得可能。

也就是說，菩薩的境界進入了「寬恕之愛」的階段。

當對方與自己旗鼓相當，或者比自己更加強大時，是做不到去原諒對方的。畢竟對方明明比自己厲害，卻向對方說「我原諒你」，那就只是不服輸而已，對吧？

在「寬恕」的階段，代表的是自己的心境提高許多，所以能做到原諒他人。

•「寬恕之愛」當中的極限

然而，這還不是最終階段，還有比耶穌所講述的「寬恕之愛」更為高階的愛。

在寬恕之愛的階段，自己還坐在名為寬恕的寶座上原諒他人，尚留有「身為人必須原諒他人」的心境。

即便是宗教家，也會遇到詆毀自己的人。這時，會萌生出「那些人是因為不理解才那麼做的，我原諒他」的想法。心裡有著「原諒對方吧」的想法時，代表心中認為「自己位高於他人」，也就是說，「因為自己在他人之上，所以原諒對方」。

剛才所說的寬恕之愛這個階段的前提條件，其實正是寬恕之愛的極限，其中含有「因為自己優於對方，所以能夠原諒對方」的心態。

「儘管有人進行批判，但那是因為對方尚未覺悟跟參透。而我明白這個事實，所以我原諒他」的如此想法，確實是很了不起的心境，擁有包容對方的心境。但是，這裡面還有著認為自己優於他人的心情。這表示還沒有到達最終階段。

而在此之上的，是「八次元如來界之愛」。

愛的發展階段⑤——存在之愛（八次元的愛）

如來之愛，是「體現神佛之光的愛」。

也就是說，這份愛已不屬於「人類對人類」之間的愛。「此人如今就在各位身邊，與各位身處同一時代」這件事本身，或是「此人身處於這個世間、這個時代」本身，就是對人們的愛，這類人也是存在於世上的。

這是能夠名留青史的偉人之愛。

回顧人類的歷史，有著屹立不搖的偉人。

以中國為例，就有孔子這般背負了中國兩千五百年歷史的偉人。希臘亦有背負了兩千四百年的希臘歷史，名為蘇格拉底的偉人。以色列之地，則出現了名為耶穌．基督的愛的偉人。

近年來也出現許多「因其存在本身，使得世界變得光明」的偉人。既有偉人史懷哲博士，也有愛迪生這位用科學技術啟蒙了全世界的偉人。

「這些偉人與我們身處同一個時代」這件事本身，就是對世人的愛。有著如此境界的愛。

他們已並非處在「縱使對方因不理解而批判我，仍舊選擇原諒對方」的境地，而是擁有更加宏觀的心境。他們的存在本身就如放射線一般放射出愛。那並非一對一的愛，而是一對多，對所有人的愛，他們的存在本身就是愛。

各位必須依序通過「本能之愛」、「關愛之愛」、「勉勵之愛」、「寬恕之愛」的階段，再到達更高一階的「存在之愛」的階段，讓你的存在本身成為人類的福音，必須以這樣的愛為目標。

那是一種「並非作為人類挺立著，而是作為光明化身巍然不動」的愛、是作為「神佛的道具」、「神佛的手腳」的人的愛、是為了創造時代而誕生的人的愛，必須進一步以這樣的愛為目標才行。

有別於最初的「本能之愛」，如今我所講述的「關愛之愛」、「勉勵之愛」、「寬恕之愛」、「存在之愛」的這四個愛的發展階段，是各位努力的目標所在。

愛的發展階段⑥——救世主之愛（九次元的愛）

在這之上，當然還有九次元世界、「救世主的世界」，還有「救世主之愛」，這是更加宏大的愛。

不過，這不是生於世間的人們應視為努力目標的愛。假裝講述「救世主之愛」並且迷惑人們的，正是現今社會中，新興宗教當中的各個教祖。

唯有通過「本能之愛」、「關愛之愛」、「勉勵之愛」、「寬恕之愛」、「存在之愛」的階段之後，方能夠擁有「救世主之愛」，這不可不知。

既沒達成「關愛之愛」，也沒做到「勉勵之愛」、「寬恕之愛」、「存在之愛」，卻假借救世主之姿向人們講述法，那只是在迷惑世人而已。各位必須要明白愛有其階段之分。

綜上所述，我講述了與「覺悟」的階段相結合的「愛」。希望各位能夠將這四種愛作為一個努力、精進的目標，今後持續學習。

第3章

心的原理

一九八七年第三回講演會
一九八七年七月二十六日　說法
於東京・小金井公會堂

1 從「心的教義」開始

追求規模壯大的法之前，先照顧腳下，確立自身

在舉行今天「心的原理」講演會之前，我先行出版了《黃金之法》（前述）。《黃金之法》可說是「歷史論」或「時間論」。上回在五月三十一日舉行的第二回講演會「愛的原理」（參照本書第2章）時紀念出版的《太陽之法》（前述），是結合了「個人覺悟」與「全體覺悟」的佛法真理的基本書籍，而《黃金之法》則是一本「歷史書籍」，亦是「光明天使的歷史」。

為何現在必須出版如此書籍呢？

那是因為，我想明確化「我站在各位面前講述的教義，從歷史觀點來看究竟具

有何種意義」的如此地基。我並非是為了在日本建立已為數眾多的其中一個新興宗教，才站在各位面前的。

各位讀了《黃金之法》就會明白，我們的使命，是在這次的文明裡，讓過往如百花繚亂般發展與繁榮的諸文明與諸文化，在這二十世紀末齊聚一堂，進行一場總結算。並且，為了創造二十一世紀後的人類歷史，奏響序曲。希望各位明白，正因為有如此「龐大的地基」，才有我們往後將講述到的「法」。

正如我反覆強調的一樣，幸福科學非常重視「從基礎至樑柱，由內到外」。因為若是在沙地上蓋樓閣，無論其外觀有多麼堂皇，都可能在一瞬之間坍塌殆盡。這也適用於每個個人，也適用於幸福科學這般團體，或者也適用於構築法的理論。不事先打好基礎，就無法在上面建築偉大的事物。

今年（一九八七年）迎來了第三次的講演，至今已經出版了二十本書籍（說法當時。截至二〇二五年二月，已出版三千二百本以上）。但光是二十本還不夠，為了堅固法的基礎，如此數量尚不足夠，還需要更多才行。我預計在今年年底之前合計出版二十多本書，如此一來，法的基礎、法的輪廓才會明確展現出來。

至今有很多其他宗教的信眾和講師也都於幸福科學入會。本會秉持寬容的精神營運，所以跟人們的職業或頭銜無關，只要是「想認真學習」的人，我們都接受入會。

不過，譬如生長之家的信眾在最初進入幸福科學時，認為生長之家的「萬教歸一」理論與「幸福科學的理論」一致，進而加入幸福科學。但隨著時間過去，他們才逐漸了解其差異之處。講述萬教歸一的谷口雅春理論，在幸福科學中僅僅占了一小部分而已。

因為在幸福科學，正如《黃金之法》當中所描述，我們所明確揭示的這五千年歷史，是以人類草創期以來的歷史、地球成立以後的歷史，以及人類居住在地球以前的歷史作為前提所揭示的。

只不過我現在想述說的是，這些「壯大的法」、「壯大的規模」、「壯大的構想」固然重要，但在陶醉於如此法的浪漫之前，各位須先做到照顧腳下，先從自己的腳下開始照顧起。

若是尚未確立自身、尚未辨識自身的心，那麼即便知曉人類歷史，即便了解人類來到地球以前的歷史，即便學習了往昔偉人的事蹟，即便擁有這些見識，各位也全然不會進步。

要知道先有「心」，才會有「知」

幸福科學在今年三月八日舉行的第一回講演會「幸福的原理」當中，講述了「愛、知、反省、發展」的四個幸福的基本原理，並在五月講述了最初的原理「愛的原理」。

既然如此，今天的講演會照理是要講述「知的原理」才對。然而，「知的原理」極為廣大且無邊，若只將目光投注在法的浪漫、法的壯大、法的宏大無比上，僅一味地追求知識的話，那麼很遺憾的，無論知道的再多，都不會促進人類的向上。首先必須知道「先有『心』，才會有『知』」的這番道理。

作為幸福科學的基本理念，在講述「愛、知、反省、發展」這四個原理之前，我先講述了「探究正心」，這正是最重要的部分。即便不知道過去的歷史，即便不知道偉人們的教義，但我希望各位最起碼要掌握到「何謂正心」，這正是「個人的覺悟」的起點。

所謂教義，終究與佛陀時代相同，先是有「個人的覺悟」，才會有「全體的覺悟」。當一個人磨練、磨練再磨練，並突破自身極限時，自己聚焦的焦點才會首次由內轉外。

「從自身到他人」、「從他人到世界」，然後「從眼所可見的世界到眼所不見的世界」，人的焦點是如此變動的。

在《黃金之法》第3章「悠久的山河」當中，我簡單地整理出「作為思想的釋迦佛教」的內容，釋迦的教義中也有「利己即利他」（亦稱自利利他）的部分，在自利的過程中，逐漸做到利他的教義（這裡的「自利」並非利己主義或保全自身，而是「鍛鍊自己」、「耕耘自己」的意思）。

基本上，人必須對「自己的人生態度」與「自己的人生態度所招致的結果」負起責任。

幸福論指的，並非是先有「普遍的幸福」，才有「個人的幸福」。每個人都必須先檢視自己，並為自己的思想和行動以及其所招致的結果抱持自信、負起責任才行。倘若對此無法做到，又為何相互想著要讓他人幸福呢？為何要互相急忙著驅趕他人頭上的蒼蠅呢？不先去除自己頭上的蒼蠅，卻光是費心於驅趕他人頭上的蒼蠅，這麼做是不行的。

因此，幸福科學將會建立壯大的知性體系，而各位最初的修行目標即與「心的教義」息息相關。希望各位不要忘記，這將佔據修行的七到八成。再怎麼知曉歷史，各位也無法覺悟。要先凝視自己，獲得自己的覺悟之後，方能得到開闊的視野，並具備壯大、宏大、偉大的人格，絕對不可忘記如此過程。

2 心的本質與構造

透過「探究正心」，找回靈魂原本擁有的自由

那麼，究竟何謂「正心」？我認為，對此需要多做詮釋。

幸福科學的入會資格，也就是成為會員的資格，是「每日探究自身的正確之心」。

那麼，到底何謂「正確」？是以何為依據？是類似「這個正確，這個不正確」的正確嗎？還是指更深奧的正確？我們必須對此有所了解。

現今幸福科學所講述的「正確」，是指人類本來就擁有的正確。找回從悠久的昔日、無限往昔之中的那被賦予的心，這個目標，就是所謂「探究正心」的目標。

本來，所謂的人類，就是在遙遠的昔日被創造出來的。依照各個靈魂被創造的時間有所不同，但平均來看，可以認為是在距今數十億年前被創造出來的。當時，在銀河的某處散發了偉大的神光，那神光分作無數個光子體，那正是人類被創造的最初歷史。

那些光的顆粒作為具有著個性的存在，四散在宇宙各處，且逐漸擁有了各自的意識，並各自品味生命的過程。

在此，我們必須從中想起「我們出自何處」、「誕生時宿於心中的是何種心念、何種性質、何種理念」。

幸福科學在各種靈言集中提及「天上界當中亦有各種各樣的世界」，而各位也已知曉此事。

但是，我們並非僅是為了在世間打造天上界的理想世界而出現。現在就連天上界的樣貌都還不算完全，從我們在悠久過去所充分享受過的「靈魂的自由」來看，現在天上界亦發展出極為不自由的世界。

正因如此，我們現在站在新歷史的折返點上，必須找回我們從悠久過去便已擁有的「靈魂的自由」與「靈魂的本質」。

自己的內心之中包含了「所有世界」

那麼，究竟何謂靈魂的本質、心的本質？何種樣貌的心，是各位本來真正擁有的呢？為了讓心回到原來的樣貌，該如何探究「正確」呢？真的有必要探究嗎？這正是重要之處。

「神，本來即是光」，但這道光與單純照明用的光不同，這道光有著各種各樣的屬性。

在那些屬性當中，一種是「愛」，一種是「慈悲」，一種是「知」，一種是

「繁榮」。光具備各種各樣的屬性，如同鑽石的表面一般，散發出多面向的光芒。

世上眾多的指導者們無法詳盡地說明這顆鑽石散發的七色光輝，只能各自述說那其中一面。

但是，我們必須確實掌握到「何謂鑽石的本質」。掌握鑽石的本質，正是各位今後靈魂修行的方向。

這絕非是從自己身外找尋。

或許各位認為：「四次元以上的世界，是自己眼所不見的世界，如此世界可能位在天空中某處。雖然無法以肉眼觀看，但在五百公尺、一千公尺、五千公尺、甚至一萬公尺高的地方有著如此靈魂之境。當我們脫離肉體之後，應該就會前往那般世界。」但其實並非如此，實際上，在各位自己的心中，就包含了「所有世界」。

在我看來，今天聚集到會場的近千人當中，知曉如此基本真理的人，很遺憾地，連一個人也沒有。

各位可能把心中所想的「心」，單純認為只是像是一顆氣球，剛好鑲嵌在自己的胸口，並容易產生「那宛如氣球一樣的心，有著各種歪斜的模樣，必須找到歪斜處並予以修正」的想法。不過，僅是如此程度的認識，在一般人眼中已屬於高出常人的見識。

然而，所謂心的本質，絕對不是如在胸口中滾動的氣球。

只不過，當我們擁有靈性之眼，能夠做到一定程度的靈視時，的確最初會看到人的心呈現如氣球般的形狀，而那些氣球形狀的心會再轉換為各式各樣的形狀。

讓心產生偏見的「情感」、「知性」、「理性」、「想念」的領域

我時常觀察各種人的心的模樣。不過，心的模樣並非代表一個人的本質，也並非代表心的實相。而是當心的實相顯現於外時，得以用靈視透視。

在靈視的時候，心的狀態比較和諧的人，其形狀會宛如滿月、球體一樣的形狀；而心有偏倚的人，其球狀的心就會呈現各種歪曲。

比方說，有的人在球狀的心當中，「情感」領域尤其突出。

還有的人是「知性」領域特別突出。這就宛如僅是學者般地以學問角度探究真理，用如此方式度過了三十年、四十年或者五十年、六十年的人，其知性領域就會出現歪斜。

除此以外，還有「理性」的領域。用冷靜透徹的目光看待事物固然可以，但有些人在這方面異常發達，變得不容易受感動。這樣的人們就會在理性方面呈現異常突出的心靈狀態。

此外還有「想念」的領域，透過靈視可以看到它位於心的球形當中上方部分。有些人在這個部分也會產出各種各樣的想念和感情。產出人類最大痛苦的，就是從人類的眼睛來看，這像球一樣的心靈當中的「想念」部分。

幸福科學的靈言集證明了「心不在腦中」

所謂的心，並不像現代醫學所說的那樣，存在於大腦皮質當中。腦溝裡面並沒有心。遺憾的是，其實大腦並沒有在思考事情。大腦的領域是控制塔，也就是電腦室，大腦相當於電腦的部分。

正因為這台電腦發揮了司令塔的功能，所以當人們相當於電腦部分的大腦遭到損傷時，會出現行動不便、言行失常、判斷失誤等情況。但損壞的「電腦」部分，與操控電腦的「操作員」或者說「輸入員」的部分，又是不同一回事。

為什麼心不是位在腦中、腦漿，或者是腦的皺褶之中呢？

對此，或許各位還是抱持半信半疑的態度。有些宗教家們認為「頭腦和心是不同的。心之中包含了所有事物，但頭腦並非如此。頭腦只負責知性與知識性的判斷」。

但是我，或者說我們有其證據，確信心並非位於頭部、大腦、大腦皮質之中。如此確信的根據，就在各位所閱讀的靈言集裡。

無論是誰閱讀，想必都會感受到每個靈人的個性皆不相同。

而且，根據閱讀方法的不同，有時會發現各靈人之間的想法有相互矛盾、意見相左的地方。但即便意見相左，卻也各自正確，會出現類似這樣的矛盾。假如這些都是我個人的想法，那我或許是個擁有相當「多目的性」的頭腦的人吧。但實際上我並沒有抱持那些想法，「靈人的想法」與「我的想法」，是有所不同的。

各位可能已經閱讀過將近二十本的靈言和書籍，在這些書籍當中，各靈人講述了各種事物。

若閱讀基督教系統的靈言書籍，會認為或許這內容是真的；若閱讀神道系統之人的靈言書籍，會認為或許這才是真的；若閱讀佛教系統的書籍，會認為或許這才是真理。如此一來，便會開始「消化不良」。過多的真理會致使人們「不知道該接受何者」。

不過，諸靈人的想法與我的想法並不一致。在本質上雖然一致，但事實上並非一切都相等。也就是說，靈人們透過我的大腦，或者說這個大腦的皮質，進行著判斷和思考，但其產生的想法與我不同。

關於這一點，正如某個靈人所明確提及：「就算肉體被燒成灰燼，仍舊有符合自身個性的想法」、「我在靈言所揭示的內容，與大川隆法的想法不同」。

也就是說，「即便腦或是肉體遭到火化，此人生前的意念、個性、意識依然存在」的如此事實，在在證明了「心並非位於腦部之中」。幸福科學透過靈言集證明了這番事實，也強調了靈人之間各自具備不同的個性。

3 心、魂、靈的區別

具有寬泛定義的「靈」、呈現人體形態的「魂」、魂的核心部分的「心」

各位或許認為：「我已經明白『心並非位於腦部之中』了。確實如你所說，我們悲傷的時候眼淚彷彿是從胸口湧出，感動時的喜悅也是從胸口而來，可以確認到那並非來自於頭部。所以能想像到心並不屬於頭的領域，而是大略位在胸口一帶。」

至此，我想多數人還可以接受。

那麼，如果「心」不是大腦，這個不是控制中心的「心」究竟是什麼呢？剛才提到的如球狀的東西是否就是「心的本質」？除此之外還有其他的實體嗎？關於這點，我想再進一步地說明。

我們通常都是不帶批判地使用「魂」、「靈」、「心」等詞語。有時這些詞語會被人們視作相同意義而使用，有時又會被視作不同意義而使用。

比方說，觀看報紙上刊登的「你是否相信靈」的問卷結果，回答「相信」的人僅兩成左右；回答「說不定存在」、「不排斥其可能性」的人，比例不會超過五成。

然而，當問到「各位認同『心』的存在嗎」，百分之九十九以上的人都會回答「心是存在的」；或者，當問到「你認為人類擁有『精神』嗎」，絕大多數人也會回答「我認為人類確實擁有精神」。

這是因為，人們被詞語的外在體現、表象所矇蔽，不清楚其真正的實體。

「心」是人類靈魂的核心部分以及中心所在，從物體觀點來看，「魂」和

「心」二者並非完全重疊，並且另有「靈體」的存在。「心」在靈體的中心部分，若以靈視觀察，其外觀在我眼中就宛如直徑三十公分左右的球體，這東西就位於靈體中心。此外，與人體等大的魂，則大小剛好地宿於肉體之中。

在此之上，還有「靈」這個詞。那麼，「魂」和「靈」有何不同呢？

說到底，「魂」有著清晰的人形，此人的性格所在部分就叫做「魂」。

不過，「靈」的定義比「魂」還要寬泛。

動物、植物的靈呈現何種型態

在這方面，人類與動物又有所不同。動物在個性化這方面，不若人類那般進化。因此，根據動物的意識等級，有時會聚集為集合靈。

譬如，當狗失去肉體生命並離開地上時，其靈會暫時保有狗的形體生活。然而，在輪迴轉生的過程中，其意識的個性化若達到相當程度的進步，就能保持犬靈的形體繼續生活。假如在個性化上沒有足夠的進步，則會被吸收到類似「集合靈」的形態之中。

也就是說，犬靈在天上界會集合為數十隻的靈體。具有相似意識的靈體會聚集起來，成為一種集合概念的犬靈意識體。並且，在必要之時個體得以脫離其中，但這種情況下其個體有可能會失去個性。

此外，植物也是一樣。

或許各位會感到難以置信，但植物也是有魂的。透過靈視便會發現，植物的魂有著兒童的模樣，它們有著人類一般的姿態。雖然嬌小，但實際上它們有著童話故事當中所看到的妖精的樣貌。它們既有眼睛、鼻子與嘴巴，也能夠說話。植物的魂具有那般姿態。

它們離開世間後會返回天上界，但在個性化上有所進化的花並不多。由於花草在個性化上並沒有多少進化，因此即便在天上界，基本上也是群生，共同生活在一起。

然而，在植物當中，譬如挺立在神社等地的百年樹齡的參天大樹，當它生長到那個程度之後，在個性化上亦會有相當程度的發展。而在神社裡度過數百年生涯的樹木，見證了長久以來與神社有關的諸多歷史，其靈魂已經刻下了不少「人類性質的意識」。如此一來，即便回到靈界，那棵樹也能以樹的意識，具備個性地生活下去。這種情況是存在的。

4 心的世界的階段與靈性自覺的進化

四次元幽界——以與世間人類相同的姿態生活

上一節簡單講述了動物與植物的靈。

那麼，人類又是如何呢？人類的情況有其複雜的一面。

人類的魂以等身大的大小宿於肉體之中。大部分的人在離開世間之後，都還會暫時地以有著手腳、眼鼻口及頭部的姿態生活。但是，有一些人會逐漸發現，「對於魂來說，手、腳等四肢並不是非有不可的必需品」。

即便變成了魂回到了靈界，那些居住在四次元幽界的人們，還是過著與人類相同的生活。他們有著手腳，且腳若是沒有接觸到地面便會感到不自在，心情會始終難以平靜下來。還有很多人跟生活在世間時一樣，一天吃三頓飯，到了晚上會想要睡覺。這是因為他們仍藉由肉體意識掌握自己，若沒有手腳眼鼻便無法感到安心。

五次元善人界——開始意識到沒有手腳也能存在

然而，隨著上升至五次元、六次元、七次元、八次元，愈往靈界的高層階段，情況便會逐漸改變。

五次元善人界是心善之人回歸的世界，這裡生活著心境和諧的人們，但還是有近九成的生活，仍須借助人形的魂進行修行。

不過，他們偶爾會有不可思議的體驗。他們會發現到自己並非一定要走路，或者自己並非是從高處墜落就會死去的存在，並且開始有意識地去體驗自由自在地前往任何想去的地方。

居住在四次元的人，只有在偶然的情況下才會出現那般體驗。他們透過各種靈人的引導，偶然現身在自己想去的地方，或者心想著「我想見那個人」的時候，那個人便會出現。但五次元的人，則可以在某程度上有意識地做出各種各樣的行動。

並且，在如此行動當中，他們會漠然地體會到「或許沒有手和腳，自己的意識仍舊可以存在」。

此時，此人的魂便開始抱持作為「靈」的自覺。

但是，在五次元當中，人們還是會受限於手、腳等人體的部分。譬如身高一百六十三公分的人死去後，其自己若不保持在一百六十三公分狀態的話，此人就會感到很不對勁。

六次元光明界——除去肉體意識，深入學習真理

到了六次元光明界，情況多少又會變得不一樣。

在這個世界當中，雖然也存在著各種意識的階段之分，但能夠身處於此有其條件，即為確信「自己活在神佛所創造的世界當中」、「掌管這個世界的是來自神佛所傾瀉而下的真理」。

並且，遵循如此真理進行靈魂學習的人，在六次元光明界裡為數眾多。

在學習的過程中，他們會逐漸褪去世間的意識。也就是說，他們會逐漸褪去肉體意識。並根據自己所學的真理，開始進行各種各樣的嘗試。

譬如，各位或許曾聽過關於「念」的內容。以「念」來說，各人開始認真興起探究心，萌生出研究心的時刻，就是在處於六次元之時。

・「自己所意念的事物出現在靈界」的經驗

達到如此境地的靈魂們，會逐漸發現自己並非像是地上的人類一般，僅具備有限的力量。他們會在六次元之中學習各種各樣的念，並由擔任老師的光明天使指導「何謂念的本質」。

譬如，他們會先體驗到「自己意念的事物出現在靈界」。

現在，我面前的講演台上有一杯裝了水的玻璃杯，六次元光明界的人們瞭解「透過念的性質可以製造出這般事物」，且以此為知識，他們接受了這樣的指導。

因此，只要他們想著「想要這樣的玻璃杯」，就能透過念，讓玻璃杯出現在講演台上，他們體驗的就是這般事物。

四次元、五次元的人在偶然的情況下，可以體驗到自己所意念的東西突然出現的經驗，但還達不到刻意地努力就能做到的程度。

不過，到了六次元光明界就可以知道，只要想變出玻璃杯就能變出來。有了這樣的體驗，下一步便會開始想變出「有花紋的玻璃杯」。等可以變出有花紋的玻璃杯，接下來又會想「能不能變出水」，然後玻璃杯裡便會出現了水。喝了一口杯子裡的水之後，因為能嚐到水的味道，便會明白「這跟在世間喝的水有一樣的味道」。

就像這樣，他們領會到可以透過自己的意念創造出水、玻璃杯等東西。他們會反覆如此經驗數十年、數百年。然而過了一段時間以後，他們會認為只是創造水和玻璃杯已經沒什麼意思了，於是開始想試著做出更不一樣的事物。

女性的話，會對衣服比較感興趣，並逐漸察覺到「這麼一來，說不定能做出自己心中所想的衣服」，之後便開始把心思集中在這件事上。

譬如，她們會想像做出一件水珠圖案的衣服，一開始會失敗，做成了斑紋圖案。她們心想「好奇怪」，但也沒辦法，只好先試著做出一件白色罩衫。練習一段時間後，終於可以做出沒有圖案的罩衫了。另外，裙子也逐漸可以做出自己所喜好的款式了。接下來她們便可能會挑戰水珠圖案，例如思考水珠的數量時，心想「試著印上二十個水珠吧」，結果只出現十七個。這時就會思索「還有三個去哪裡了」。就像這樣，她們會開始這類練習。

之後，她們瞭解到，「看來，憑藉念的性質，不只可以製造出外部的事物，自己生活周遭的物品也做得出來」，於是便開始對此進行學習。

之後更是心生「既然能做出衣服，那麼其他東西是不是也能夠做出來」的想法。如果是女性的話，會想著「那麼，順便再做條項鍊吧」，然後開始練習做出珍珠項鍊。不過，修行有成的人雖然可以做出完美的項鍊，但修行不夠的話，怎麼樣也難以成功。他們也會進行這方面的學習。

達到這個階段之後，接下來便會開始思考：

「到目前為止，只要鏡中照映出的自身模樣跟以前在地上時的模樣不一致時，就會難以平靜下來，但說不定，自己的模樣也是可以改變的，或許還能變成各種模樣。」

人們會開始明白，不光是服裝，連自己的模樣也可以隨著心念逐漸發生變化。譬如，在世間時，對自己的標準身材感到很滿意，但現在可能會想：「說不定可以讓自己變得更高大一些？」當心想能否長到兩公尺高時，身體便一口氣長到兩公尺高。於是，至今所見的住家、花草、樹木看上去都會顯得渺小許多。試著用兩公尺的身形行動一段時間後，卻逐漸感到不適與恐慌，並決定回到原來的身形。起初的體驗皆是如此。

但過一陣子後，又會像陷入沉迷一樣，想著「再變得高大一點試試吧」。屆時，不光是身形，甚至會心想「如果想讓手變長，是不是就會變長呢」，如此一來，手果然也伸長了。雖然脖子變長的話是挺噁心的，不過他們會經歷諸如此類的體驗。

在如此過程當中，身處六次元的人們會逐漸察覺到：「雖然俗話說『五體滿足』，但在世間經歷過的五體，似乎並非是自己的本質。」

・透過自由變換姿態，被委派於各職業、專業領域上，指導著世間之人

當靈上升至六次元世界，就進入了高級靈的階段，於是會在學習的過程中被囑咐：「僅僅在靈界修行還不夠，你們也去指導世間眾人吧。」

儘管六次元是個好地方，但不會讓靈魂在那裡待上四、五百年。上級的靈會指示他們：「你們處於升上七次元菩薩之前的六次元階段，所以也先去學習如何助人吧。」聞此，六次元的人們也會覺得：「既然已經習慣這裡的生活了，那麼也想去試著幫助別人看看。」於是，他們就會被指派擔任世間之人的守護靈或指導靈。

守護靈、指導靈這類詞，如今被世人賦予了多種意義，想必各位也難以掌握其

真正的含義。

簡單來說，把「守護靈」想成是與自身有關係的靈魂就不會有錯。而「指導靈」則指具備某項專業才能的靈魂，當有必要特別指導世間之人的時候，指導靈便會出現在該人身旁。

若身處世間的某人屬於四次元、五次元左右的普通靈魂，六次元的人出現在其身邊時，其存在就等同於「指導靈」，可以協助世間之人進行更高層次的判斷。

六次元的人進行指導的時候，舉例來說會做哪些事呢？六次元的人當中有許多專家。因此，如果某六次元存在是學者，該存在便可能在論文主題上給予世間之人靈感；如果該存在是詩人，便可能在世間之人沿著海岸散步時，給予對方出乎意料的發想或詩句；如果該存在是畫家，則會在畫作上給予世間之人靈感。對於畫作來說，靈感佔據了創作當中相當大的比重。就像這樣，指導靈會給予世間之人如此助力。

在做這方面工作的，大多是六次元的靈人們，他們會在職業、專業上給予世間之人指導。

他們在靈界反覆練習之後，便會開始著手於對世間的指導。由於他們明白自己的本質並非肉體型態的五體，因此在指導世間之人時，有時會以「神一般的姿態」出現。當世間存在具備靈視能力的人時，指導靈若穿著西裝、打著領帶去見世間之人，往往難以樹立形象，所以他們會適時地營造出如同神明的氛圍。譬如，該存在需要出現在某宗教，且是沒有錯誤的宗教時，可能會以如同根本神的模樣、以神的姿態現身。就像這樣，他們逐漸開始能夠自由自在地變換姿態。

此外，正如《永遠之法》（台灣幸福科學出版刊行）中所提過的，六次元的裏側世界當中存在著名為「仙人界」和「天狗界」的世界。那裡是個比表側世界更勤於學習自由自在變化的能力和神通力的地方，該世界的居民們會在那裡練習各種姿態的變換。

靈人們在六次元空間變化成人類以外的模樣之後，便會漸漸明白什麼才是本質，這是「魂」開始擁有身為「靈」的自覺的時期。

七次元菩薩界——偶爾會忘記身為人的自覺，成為「意識」去拯救眾人

從五次元、六次元進一步前往七次元菩薩界後，能夠更加體會到「靈的本質並非肉體」的如此事實。

他們身為「菩薩」，會積極從事拯救眾生的這般愛的行為，非常地忙碌。也因為他們非常忙碌，所以必須彼此分擔許多職責。

因此，若是如同人類一般透過五體活動的話，將十分不便。即使自己進行修行的時候沒有大礙，但其他時候還是會變成更方便於工作的形體。有時他們會發覺自己不再是持有肉體的存在，而是成為了「念」本身。

譬如，菩薩當中也有醫療系統的存在，他們會幫人治癒疾病。當他們忙於治療疾病時，會不經意地發現自己的身體消失了。

他們會發現自己變成了「想以醫療活動援助他人」的如此「意識」在遂行著工作。用一天來比喻的話，從早上八點到下午五點之間的八個小時當中，他們埋頭拚命地工作，但是等回過神來才發現，自己已忘了身為人的自覺，僅憑藉著意識遂行愛的行為，於是又瞬間回歸自我。這時，就會恢復成原本的姿態。

類似的經驗會間斷性地反覆出現。所謂的菩薩，基本上都具備如此靈性認識。

八次元如來界——自覺於「人類並非肉體存在」，以「職責意識」遂行活動

然而，當菩薩修行再進一步前行，進入八次元如來界後，意識會再提升一階。

各位對於「魂」、「靈」，只能以世間的認知去理解，但進入八次元如來界的存在

們，清楚地知曉「人並非是肉體存在」。

在菩薩的階段，依然存留著個人生活的形式與肉體的姿態，不過在八次元如來界，情況則多少有些不同。

譬如，世間之人若想瞭解那個世界，便會透過「有樹、有山，也有房屋、人類」的如此想像去瞭解。然而事實上，八次元的人們並非抱持如此意識在生活。在某種意義上，他們覺醒於法意識、覺醒於作為法的意識，且以自身的「職責」為中心工作。他們並不是以個性或個人這般以人性為中心的方式去工作，而是以「職責」為中心推動活動的意識體。

那麼，如來的意識是何種意識呢？

我曾透過各種方式告訴過各位，靈天上界有七色光譜。譬如，有作為愛的光線的白色光線。此外，還有如摩西的光線的紅色光線，代表的是具備領導才能的指導者的光線。或者是司掌自然、和諧等的綠色光線。也有隸屬於代表秩序的紫色光線之中的存在，例如，孔子。如來的意識就存在於這般各式各樣的光線之中。其實，他們是作為「意識」遂行工作的。只不過在跟世間之人通信、顯現其姿態時，會以普通人類的姿態現身。而且，正如「●康德的靈言」中所寫的，他們仍留有一部分諸如閱讀、散步的個人意識，也還留有自身個性，可以享受個人興趣。但在工作方面，也就是一天當中最重要的部分上，是純粹作為「意識」行動的。

他們的靈已經進化到能夠認識這點了。

也就是說，在八次元如來界，已經不再是所謂的「魂」，會逐漸成為「職責意識」。他們儘管有時會追憶往昔，以人類的姿態生活，但「職責意識」已然成為中心。

就如《太陽之法》中所描述的，所謂八次元如來界的覺悟，其實正是「一即多，多即一」的覺悟。這也是京都學派的哲學家西田幾多郎博士等人也曾提及的哲學用語。八次元之人已經認識到一人即五人、五人即一人、十人即一人、一人即十

●「康德的靈言」　收錄於《大川隆法靈言全集 第9卷》（宗教法人幸福科學刊行。）

五人。他們能夠認識到「自己究竟可以發揮多少作用」。

這就是如來的世界，並非如人類那般一對一的形式，而是能夠化身必要作用數量的分靈。

抵達此階段前，須先經過四次元、五次元的靈魂境地，有時也會經歷一番地獄的洗禮，投入於各種各樣的過程當中，學習何謂靈魂的本質，並提升到純粹以「職責」遂行工作的階段。

九次元宇宙界——能夠化身為多目的人格，堪稱「法的源流」的大如來意識

在這之上是九次元世界，在這個世界，意識會更加擴大。在八次元如來界，會以具有同一目的的分靈形體顯現，但是成為九次元的意識體後，便可化身多目的人

格，甚至還會成為一個龐大的本流。

舉例來說，九次元的大如來意識就如同水壩一樣。有稱之為耶穌．基督的水壩、稱作釋迦牟尼的水壩、稱作摩西的水壩等等。在這些水壩、水庫當中，儲存了所有具備特色的河川之水。

他們會根據需要，以各種形式讓水流向該去的地方。水壩的水有時可能會流向東京，有時可能流往茨城縣，有時則流經千葉縣等，會以各種形式放流。

而這水壩就是「法的源流」。

畢竟是如此高度的意識，所以對各位來說可能難以理解，但正如《●孔子的靈言》中所述，我們九次元靈並非是「一個本體，五個分身」的存在，事實上，想分化成一萬人、一億人，都能做得到。

也就是說，作為人類的意識已經淡化不少。只不過，畢竟生前在世間曾有過肉體，必要時可以喚醒具有個性的意識出現，但本來的姿態其實就像利根川上流的水

●《孔子的靈言》　收錄於《大川隆法靈言全集 第15卷》（宗教法人幸福科學刊行）

壩那般。

然而，儘管是水壩，積蓄在各個水壩裡的水的成分還是多少有些不同。因此，世間的我們，宿於具備著個性的肉體中的我們，說起來無非是從這個巨大的水壩裡放流出來的水，順流而下後來到河口附近的水滴一般的個性而已。有著如此懸殊的差異。

如果說九次元大如來的姿態就像水壩的話，那麼我想各位應該可以理解，根源之神的姿態是更加脫離人類性質的。

5 探究正心

魂的本質是「開無限，握一點」

這次，我們從心的姿態開始探究，但心的本質其實是與更加偉大的事物相連的。

最初以為魂就只是像人體一樣，然而魂卻成了超越人體的靈性意識，且這個靈性意識還進一步擴大，最終成為純粹的職責意識。當超越了職責意識之後，更是成為了純粹的源流。

隨著不斷追本溯源，便能逐漸認識到什麼才是真正的姿態。

以上就是關於「心」、「魂」、「靈」的內容。

那麼，先把靈界的多次元世界放到一旁，回過頭來，我們作為生活在世間的存在，到底該怎麼做呢？

「我已經瞭解到有水孏般的極致存在，也明白有作為職責而活躍的存在。但是我們並非如職責意識那般翱翔於空中，而只是宿於有限肉體的存在。既然事實如此，那麼我們該如何抓住自身的本質，將其活用於日常生活中呢？」

對於這個問題，必須做出回答才行。

在此必須先瞭解的是，所謂魂的本質，是一種「無限擴張的生命能量體」。而那「開無限」，打開便是無限的意識，握住又會變為一點，這便是「握一點」。魂或者靈，打開的話有如宇宙般大，是如「宇宙即我」般的無限，但縮小後又會變為僅一個芥子粒般的大小。然而，我們還做不到將自己的意識掌握成芥子粒的程度，終究還是需要管理好宿於這個五、六尺人體裡的自身意識。於是，為了管理與我們等身大的「魂」，首先必須管理其核心，也就是「心」的部分才行。

探究正心①——取得心的平衡

那麼，心之中有哪些領域呢？

心的當中有「情感」、「感性」的部分，還有「意志」的部分。另外，也有「知性」和「理性」的部分。

因此，審視自己的心時，首先要確認構成心的各個部分之間有沒有取得平衡。這是「探究正心」的第一點，也就是「再次確認自己的心之平衡」。

例如，「情感」的領域有沒有過於膨脹？從早到晚，是不是只有自己的情緒、情感在不斷地膨脹、搖擺呢？自己是否變成了僅剩情感的人呢？要進行上述確認。

接著是「意志」的領域，這是實現自身目標的心情。意志非常重要，但自己有沒有變得過於固執，而聽不進他人的意見呢？意志堅定雖然是好事，但自己是否變得「特立獨行」，而成了無法理解他人之心的自己呢？擁有「鋼鐵般的意志」雖很好，但是否變成了絕無轉圜餘地的「不自由的意志」呢？

此外，還有「知性」的領域。知性當中有所謂的「真智」，也就是佛教所說的真正的智慧，若能到達如此程度是最好的。但要注意的是，宗教家、牧師、和尚們是否把以前的聖經等經典當成訓詁學般讀誦，而佛教家原本應該擔當靈魂的導師，是否在不知不覺中變成了教導漢文的老師？要確認智的部分有沒有歪曲，自己有沒有變得扭曲、自大。對此必須要加以掌握才行。

另外，「理性」的領域也是如此。所謂的理性，扮演的是人生路上的羅盤，讓人能明辨行走的方法。但理性的部分若過於發達，則會成為冷漠的人。盡是分析他人的行動，評判「那個人在這裡犯了錯，所以才會變成這樣」、「那個人很快會變成這樣那樣」，僅是像個批評家一樣，用冷靜的目光去審視別人。忘了我們本來都是靈魂的兄弟姊妹、是一體、是神佛之子的事實，忘了身上流著溫暖血液的事實，變得只用理性看待事物和人們。

如上所述，確認存在於我們心中的「情感」的領域、「意志」的領域、「知性」的領域、「理性」的領域，各個領域之間是否有取得平衡，有沒有呈現如一顆「圓滾滾的球」，希望各位先從這一點開始確認。每天對此進行確認，這便是「正心」的其中一個要素。

探究正心②——撥開想念的烏雲

那麼，「探究正心」的第二點是什麼？

如前面所述，分為多個領域的心可以組合成一顆球，但由於會出現歪斜和扭曲，要努力使其恢復成各方面均衡且「圓滾滾的球」。因此，我們把「取得心的平衡」作為第一點提了出來。

而第二點，則是撥開籠罩在心上的想念的烏雲。在「圓滾滾的球」上方有著想念的區塊，這是被世間稱之為「想念帶」的部分，並位於心球的上方。並且，這個想念帶本身，其實區分出了各位在人生路上的幸與不幸。

各位應該透過各種書籍，學習過何謂「好的想法」，何謂「壞的想法」。例如，溫柔、親切待人的心情、體恤他人的心情、關愛的心情等等，這些都屬於善心，我們被如此教導著。

然而，「抱怨」、「憤怒」、「嫉妒」、「不甘」等否定性的感情，於人於己都沒有好處的「利己主義的想法」、「自我保存欲」、「自保的想法」等錯誤的念頭，會在我們心上方的想念帶上籠罩一層烏雲。

並且，這個籠罩在想念帶上的烏雲，會遮擋如同太陽光照耀的神佛之光。

無論太陽如何照耀，一個簡單的物品就能將陽光遮擋在外。如此事實我們都已經明白。

即使外面的陽光多麼璀璨奪目，但只要進入屋簷之下，陽光就進不來了。所謂神佛之心念的本質，是「盡十方無礙光如來之光」，是普照萬物之光。作為生命的能源體，神佛之心念是無可遮蔽的盡十方無礙光。不過，光身為光，又存在著可以被遮擋的如此物理性質，這也是事實。

《黃金之法》當中也有提及，神佛之光中存在著「親和性」和「排他性」。神佛之光會對那些符合其內在要素的事物展現出「親和性」；而遇到與其不相符的否定性事物，則會展現出「排斥性」，出現排斥或繞道而行的現象。

歸根究柢，這個法則呼應了「想念部分的問題」，各位是可以根據自己的想念來建造「屋簷」的。

為何可以建造出想念的屋簷？這是因為各位是由神分光而出，與神同樣有著「創造的自由」的本質。從天上傾注而下的光也是神佛之光、是神佛的能量，但建造這片屋簷的能量，同樣也是身為神佛之子的各位所擁有的創造的能量，是同樣的能量在發揮作用。

因此，只要能確保創造的能量的「自由」，就有可能建造出各式各樣的屋簷。

人在四十年、五十年、六十年的人生路上，會在不知不覺中累積起心中的扭曲和惡質想法，並製造出「想念的烏雲」、「想念的屋簷」，而正是這片想念的烏雲遮擋了神佛之光。

一旦遮擋之後，會怎麼樣呢？即便守護．指導靈想要改正各位的人生道路，那道引導之光也會被自己心上的烏雲所遮擋。屆時，各位自己也會渴求陰暗潮濕的地方。在不知不覺中，未能察覺自己已經身處暗處，讓自身的心中生出烏雲，遮擋來自天上界的光。

因此，讓我們「得以幸福的原理」強調，既然這片想念的烏雲是自己製造出來的，那麼也必須透過自身的力量將其撥開。

當各位弄髒自家時，自己不去打掃家中，究竟誰會來打掃呢？打電話給鄉鎮區公所的話，清潔工就會到家裡替自己打掃嗎？我想不會的。家裡髒了，難道不是必須自己親手打掃嗎？就是這個道理。

苦惱的原因不在他人身上——反省自身，找回美好的心

在某個宗教團體裡，有人講述著如此教義：「因為神是拯救眾生的存在，所以出現在世間人生路上的苦惱，其實是過去積累下來的業正在消逝的現象」。然而，苦惱是每個人自己創造出來的。

自身產出的原因滋生了想念的烏雲，如此想念的烏雲遮擋了「太陽光」、「神佛之光」，也因此遮斷了守護．指導靈的指導，使人在黑暗中度過錯誤的人生，最終墮入地獄。

苦惱的原因不在他人或外部，而是自己造成的。各位必須明白的是，既然是自

己製造出來的苦惱、自己弄髒的房間，那麼自己不去打掃，就絕對不會變得乾淨。祈禱無法讓房間變得整潔，絕對辦不到。

對此，絕對不可搞錯。所謂神佛之愛，絕非是如此。

各位必須從靈魂深處明瞭，「每個人只要隨意活著就行，無論如何犯錯，無論遇到什麼樣的苦惱，那些遲早都會消失殆盡」的如此想法是錯誤的。

苦惱的原因出自於，自身心中所生成的想念的烏雲。只要不去吹散這片烏雲，各位就絕對無法抱持作為神佛之子的正確人生態度。由於自身選擇所造成的錯誤，在今世還活著的時候，要透過自己的努力進行反省和修正，否則，絕對不會因為他人的救助而獲救。對此不可搞錯，此為根本。

對於今天所講述的「幸福的原理」當中的一部分「心的原理」，我想簡單歸納為兩點。

第一點，「要注意內心各面向的均衡」。

另一點，「自身的想念的烏雲，須自己發現、自己進行反省、自己去除，找回原本美好的心。除此之外，不存在其他能夠真正讓各位獲得幸福的道路」。

希望各位明白這兩點。

第4章

覺悟的原理

一九八七年第四回講演會

一九八七年十月十日　說法

於東京・小金井公會堂

1 對真理的熱情

不惜推開窄門也要加入的初期會員的「熱情」

自一九八六年十月六日幸福科學起步至今，一年的時光匆匆流逝。這段期間幸福科學所掀起的波瀾，超出了身為主宰（現 幸福科學集團創立者兼總裁）的我的預想。

我們按照「在初期階段不增加會員」的方針展開活動，但前來敲門的人數依舊與日俱增。入會制度是採用了填寫入會申請書，參加接受入會測驗的方式（說法當時），不過入會申請書越來越多，以至於我時常看不完。

並且，我計畫在最初的兩、三年，要在不受世人過多的注目下展開活動，所以我們希望盡可能地保持低調。然而現在，每個月寄到幸福科學的信件數量已達到三、五千封之多。

我希望藉由閱讀信件，盡可能地去瞭解每個人的想法。但遺憾的是，從一九八七年的四月以後，狀況已然來到我無法一一回信的局面。

對於這番變化，若是從今後兩年、三年、五年、十年、二十年的宏大視野來看，如果不能以相當堅定的願景構建出骨幹，那麼我們所掀起的運動的能量越是大，遭到自身發出的能量反噬的危險性就越是強烈。因此，現在我才會鼓起勇氣，表現出嚴格的態度。

各位會員應該已經察覺到幸福科學是個非常嚴格的團體。但是在嚴格的背後，可以感覺到我們成為了一個程度非常高的團體。

根據入會申請書的制度，我們制定了「若是沒有讀完十本以上的書籍，就達不到入會基本條件」的方針。各位填寫的申請書是由我直接判定（說法當時），但即便如此，無論左看右看，每位入會者都閱讀了二十本以上的我們的書籍。「先是閱讀二十本以上，再填寫入會申請書」，如此人們的熱情是相當了不起的。儘管我們不打算增加會員人數，人們還是會推開大門進來，這股力量十分驚人。

初期採取低調營運的理由

此外，入會的會員們的努力、精進也是十分了不起。在幸福科學，先是會舉行五月研修，八月會舉行初級講座，九月則是會舉行中級講座。之後，在五月以後，我會逐篇閱讀各會員所寫的有關真理的文章，也就是答案卷，並在每一份答案上寫下講評。我感受到每一次會員書寫的內容水準都有所提升，充滿了熱情，非常了不起。那是一種若是按照寬鬆的標準來評分的話，所有人都能合格的熱情。

我導入如此測驗制度的理由，已經向會員們反覆說明過多次，這是因為我們是按照「幸福科學要在最初的階段就樹立活動範本」的方針在前進的。我們的方針是，在最初的一千人、兩千人、三千人的階段，即建立今後幸福科學所應採取的活動範本。在範本樹立妥當之前，要盡可能嚴謹地營運。

當會員人數達到數萬人之際，我將無法針對每一位會員進行一對一指導，因此採取了「提高現有會員的程度，讓每一個人都成為指導者」的方針。

這名為幸福科學的團體是否為宗教團體，對此在法律上尚處於沒有定論的狀況，但我認為本會是一個引入了宗教系統的團體（說法當時，一九九一年取得宗教法人資格）。

然而，放眼其他宗教團體，進行如此測驗的團體應該少之又少。或許他們在錄用幹部的時候會進行測驗，對於一般會員則大多不會進行測驗。

2 樹立嶄新的價值基準

對應於覺悟階段的「初級、中級、上級講座」

那麼，為什麼要舉行測驗呢？

會員中有些人明白其意圖，有些人不明白，也有些人似懂非懂。

我是如此考慮的。譬如，在八月舉行的初級講座上，是以七十分為及格線。

那麼本會是以什麼樣的標準來衡量各位的努力呢？幸福科學的初級程度，大約是位於四次元精靈界或剛進入五次元善人界左右的覺悟階段，是把五次元水準的覺悟階段，作為初級的及格線。

那麼，中級的範圍落在哪裡呢？在分數上，是以八十分為及格線，而我們認為中級測驗的合格者，具備即將邁入六次元光明界的覺悟，大致上是如此設定的。

上級講座的及格線又是如何呢？這裡的判定基準，是達到阿羅漢狀態的人將被視為上級測驗的合格者。

畢竟現在才剛起步，還處於試驗階段，但目前為止就我看來，覺悟階段跟測驗之間的相符程度、準確度或者說準確率，大致有八成以上。

覺悟與「學歷、地位、年收、年齡、男女性別」毫無關係

每次，各位在答案卷寫下的文章內容各不相同，我們姑且還是會根據成績列出排序。從中就能看出，大約七至八成有著明確的關聯性。每次的成績優秀者，大致有七成左右出自同一批會員，而與之相反的人，也是差不多如此，每次都大同小異。

分數制究竟會呈現出什麼呢？關於這一點，希望各位也思考一番，我已對此思考了一番。

這到底意味著什麼呢？說到底，其實就是呈現了「對法的追求強度」和「追求覺悟的熱情」，這是顯而易見的。

成績優秀的人都是頭腦聰明的人嗎？不見得如此。從結果來看，成績與世間的聰明、學歷、地位、年收、年齡、男女性別等毫無關係。那些乍看不起眼的人們，實際上卻具備了一定程度的實力，這究竟是為什麼呢？

由於幸福科學這個團體採取嚴謹的營運方針，所以似乎已經建立了社會信用。譬如，在一九八七年的八月下旬至九月十日之間入會的會員當中，有五名國立大學的教授，並且他們填寫的住址是大學的研究室，是直接以如此資訊申請入會的。也就是說，他們是正大光明地申請入會的。從這一點可以看出，幸福科學的信用似乎已經逐漸建立起來了。

除此之外，非常多的醫生、公司社長、高級官僚入會也是一個特徵，會員當中諸多這類人士。

以世間角度來看，這些人應該都非常聰明。有的醫生還是國立大學醫學系出身的，可見其頭腦有多麼地好。

既然是這樣的人，那麼他們在講座上應該能取得非常優異的成績吧？其實不然，遺憾的是，成績就是上不去。然而在成績優秀者當中，既有中年家政婦，也有家庭主婦、剛畢業的新鮮人等，這類人相當多。

那些頭腦聰明的人們想不明白其中理由。他們難以理解於「為什麼會這樣？太奇怪了。自己明明這麼聰明，為什麼會出現這樣的情況？」

其實，是因為我正在創造「新的價值基準」，才會有如此疑問出現。各位身在世間，已然把既有的價值觀視為理所當然，然而，從靈界來看，在世間通用的價值基準卻並非理所當然。

非但如此，如果有所謂「價值觀的金字塔」，那麼世間之人所建造的，幾乎都是倒三角形的金字塔。從神佛視角來看，那些做著毫無價值的事情、活於如此價值觀的人，卻可能獲得來自世間最高的尊敬。

因為世間之人並不明白「到底什麼是真正有價值的事物，什麼又是沒有價值的事物」。其中的一種體現即是認為「總之只要出名就行」、「能在電視上露臉就行」、「揚名立萬就行」，或者「能進入受人尊敬的一流公司就行」等想法。

然而，進入一流公司的人和進入三流公司的人在回到靈界後，在處境上並不會出現相應關係，完全沒有，有時反倒是會出現相反的情形。

耶穌曾經說過：「若無赤子之心，斷不得進天國。」不過，聽過講座的參加者的感想之後就會發現，他們只要聽說獲得優異成績的是年輕人，就會有人說「怎麼可能」。他們往往認為「自己已經在宗教這條路上走了三十年、五十年，可以說是遍歷了各宗教」，或是「自己的覺悟怎麼可能輸給年輕人」。

然而，天國之門與年齡無關。若問是不是經驗豐富的人就會去往高次元，而年輕人則會去往低次元？不，完全沒有這回事。

那麼是不是男性居上，女性居下呢？在次元甚高的世界或許是如此，但以一般人類平均去往的地方來說，與男女性別並沒有關係。不是說丈夫較強勢就會前往高次元，妻子則會回到低次元，沒這回事，相反的情況比比皆是。

類似「丈夫在一流公司擔任高層管理職務，而妻子三十年間都只是一介平凡的家庭主婦。不過，回到靈界之後，妻子回到了光明界，丈夫卻去了地獄界或精靈界」的情況屢見不鮮，單看世間情況是無法判定的。

就像這樣，男女性別、地位、學歷等一切皆不適用的法則，即是真正的世界的價值基準。

「以法樹立價值基準」是我的主要工作

不過，關於這個價值基準，長久下來，許多指導者都僅以各種形式揭示了其中的一鱗半爪，但至今從未有人以統一的形式，展現出價值基準的全貌。

我目前在世間擁有肉體，而不在世間的時候，也就是在天上界時，我的工作到底是什麼呢？其實就是「以法樹立價值基準」，這便是我的主要工作。

在這個世間，有學習佛教的人、有學習基督教的人、有學習神道的人，或者從事與此毫無關係的工作，擔任經營者的人、作為學者追求學問的人、身為平凡上班族生活著的人、以農業、漁業為生的人等等，很多人透過各種想法和各種行動來度過人生。但無論他們如何走完一生，以神佛的目光來看，都必定套用至「一定的價值基準」。

那麼，這個「價值基準」到底在哪裡？具備何種心境之人，可以被稱為菩薩？

抱持何種心境度過一生的人，可以稱作光明界的人？既然與職業、性別、年齡無關，那麼其基準到底是如何決定的呢？其實，決定如此基準就是我真正的工作。長久以來，我在天上界做的就是這項工作。

現在，我擁有肉體並在世間生活，而與各位身處同一時代這件事，意味著「在二十世紀後半的時代，揭示出神佛眼中真正的價值基準到底為何，是我首要的工作」。

也就是說，我現在所要嘗試的事情，即是「將至今為止存在於『陰影處』、存在於『裏側』的世界揭示出來」，這就是我的工作。

將新的價值基準公諸於世，顛覆錯誤的常識

各位當中應該有許多人就職於公司行號、政府機關等各地方。但作為個人來

說，即便認為真理的世界很美妙，卻絕不會在公司、職場中提及。

不，應該說是「一旦說出來就會對自己不利」的計算或盤算在作祟。為什麼會本能地出現那般計算呢？為什麼會出現那般盤算呢？

我常常收到來自年輕女性的信件，她們都有一個共通的擔憂：「自己想要理解、學習真理的世界，並想花一輩子學習，但到了結婚的階段，卻無法向對方說出這件事。結婚以後，要是對方發現自己喜歡這般真理時，會不會非常震驚，進而引發價值觀不合、性格不合的問題呢？」

此外，男性也一樣。那些胸懷將來要走在真理道路上的強烈願望的年輕人當中，也有人會揣想著：「假如繼續探究真理的道路，是否會成為自己結婚時的阻礙？因為看在世人眼裡，這條道路是很奇怪的，當遇到了以常識判斷主導的結婚問題時，會不會產生不利影響？」

此外，在公司前途無量的人，會害怕被別人說：「他最近好像迷上奇怪的東西了。」譬如，講演會當天接到公司上司或者同事的邀請，被詢問「要不要一起去打高爾夫」，這種事也是可能會發生的吧。即使婉拒了對方並前來參加了講演會，但自己是否有明確地說出「我要去參加幸福科學的講演會」呢？請各位捫心自問，應該沒說出口吧。為什麼說不出口？因為「可能會影響自己升官」的如此明哲保身的想法在作祟。

但是，這種狀況並非本來該有的模樣。明明做著最有價值的事情，卻覺得「被別人知道了會很麻煩」，這是不對的，如此社會的常識才是錯誤的。

既然常識出錯了，那就要修正到改變它、顛覆它為止。

現今，我們為了提出新的價值基準，為了證明「被稱作世間常識的東西是多麼地脆弱」而開始展開了活動。「真正的價值在何處？真正的可貴在何處？真正偉大的人到底是什麼樣的人？」已經到了我們必須將這些公諸於世的時候了。

3 與真理結緣

覺悟，始於「知曉」

當在世間被視為偉大的人脫離了肉體時，每個人都會逐漸意識到，自己是一個多麼渺小的存在。

無論在世間坐的是多麼大張的椅子，無論面前擺放的是多麼寬敞的辦公桌，一旦離開地上返回靈界，在大光明指導靈面前都是「極其渺小的存在」。光明天使只是靠近他們，他們大多就會體悟到自身之渺小，並開始自我反省。光是見到其光芒，就會針對自己的存在開始進行反省，這是一個無法用言語表達的世界。

也是因為他們「不知曉真理」，然而「不知曉」的責任就在他們自己身上，責無旁貸。由於不知曉那份價值，所以即便在靈界變成了一個渺小的人、微小的存在，也無可辯駁。

覺悟的契機在世間隨處可見，對那些契機、線索一笑置之的人是誰？對此嘲笑的是誰？說著「真蠢，怎麼可能」的人是誰？必須讓他們徹底領悟到這一點才行。

因此，覺悟首先要從「知曉」開始，「不知道」並不能當作藉口。

知曉神佛，知曉神佛之心，知曉源自神佛之心的教義

那麼，要知曉什麼？必須知曉什麼？這便是下一個課題。

必須知曉什麼呢？那即是「知曉神佛，知曉神佛之心，知曉源自神佛之心的教義」。不知曉這些，就絕對無法抓住覺悟的契機。

達到覺悟的方法應該有很多，但是單純徒步於山中、在瀑布下修行，這些做法

是絕對無助於覺悟的。

達到覺悟的道路，是「靈性自覺之道」。為了達到靈性自覺，有必要知曉世間之外的事物。並且，當自身的價值觀發生大逆轉時，便意味著那是「邁向覺悟的第一步」。

那麼，該如何邁向覺悟的大逆轉，該如何通往價值觀的大逆轉？那就是「與真理結緣」。所謂的「知曉」，意味著「首先要與真理結緣」。

究竟什麼是與真理結緣？

方法之一，是「閱讀真理的書籍」，或者「透過講演會去抓住某些契機」。

我的著作當中，《永遠之法》（前述）是第二十四本（說法當時。截至二〇二五年二月已出版三千二百本以上），我為何要接連不斷地出書呢？

我們所出版的書籍，是從神佛的世界所發射的「子彈」，我們正一發接著一發地發射子彈。

為了轉換世間的價值基準，必須盡可能地出版，哪怕是多一本真理書籍，哪怕是讓書籍多映入一個人的眼簾之中。

「察覺與否」是每個個人的自由，但至少，給予覺悟的契機，是光明天使們的工作。

不僅是現代，也要為後代人們留下悟道之內容

法並不是每個時代都會被講述。

然而，當法被講述時，

不僅是為該時代的人們，

也必須為一千年後、兩千年後、三千年後的後代人們，

留下得以讓他們覺悟的內容。

我們正在讓眾多書籍問世，
但我所預設的讀者不僅僅是各位。
百年之後，我的生命已不在世間。
不過，讓百年後的人們覺悟也是我的工作。
五百年後，會呈現出何種世界呢？
但無論世間如何變幻，唯有心的法則不變。
真理是不變的。
我們的工作並非是傳達不斷變幻的事物。
在不斷變幻的世界之中，
讓人們知曉何謂「不會改變的事物」、「不變的事物」，
是我們的使命。

在當今時代，
我們所講述的內容，
不見得會是大多數人所能接受的。
然而如此思想，終將成為引導後代人們的光芒。
我們絕不能妥協於現代人的常識。
無論時代如何變化，環境如何改變，
無論世界呈現出何種模樣，
把當中永恆不變的事物呈現在世人面前。
這，就是我們的工作。
既然如此，
我們必須抱持更宏大的視野而活。
朝著即將到來的新世界，朝著即將到來的黃金時代，我們該留下什麼樣的遺產？
這並非是我一個人的工作。
亦是各位每一個人的工作。

4 覺悟之道的嚴酷

如何承接、傳遞那如棱鏡般展開的法

所謂的法，並非是固定化的內容。在其基本上，確實是有一條貫通所有事物的主柱，但這主柱會像棱鏡般不斷旋轉，發散出多彩多樣的光芒。為了承接這道光，需要有能夠承接各種光芒顏色的器量才行。

對於某些人來說，或許有些教義是不需要的。但對另外一群人而言，那些教義卻是必要的。重要的是，「如何承接那如棱鏡般展開的法之光芒，並如何將其從自己再傳遞給他人」。

這項作業並不是單純地被動接受。「各位正在傾聽我的話語」這件事，意味著

「不可以僅僅是聽完了事就好」。

聽過之後，首先請改變己心。沒有改變，就等同沒有聽進去，只能說是耳朵的鼓膜接收到聲音的振動罷了，我並非是在單純出聲而已。

我是在向各位每一個人的心發聲，在向各位的靈魂發聲。假如有人在內心深處感受到懷念之情，說明此人曾經聆聽過我所說的話語。這不光是在說世間之事，在離世之後的實在界，或者在世間的某一天，各位曾經聆聽過我的話語。

並且，我雖然預定會在五十年後，西元二〇三七年的春天三月，櫻花綻開七成的時節離開地上，但下次我出現在世間的時候，將是從現在起的兩千八百年之後。在此期間，我不會再以肉身之姿站在各位面前說話。

既然如此，如何充實地度過在世間所剩的五十年，便是我真正的使命、是我的工作。

「如何度過這五十年？如何做到向更多的人們傳達更多的真理？如何做到不僅

僅是弘揚開來，還要講述出可以滲透至各位靈魂當中的教義，讓它以具體形式留存下來？」這就是我的課題。

真理的繼承的基本是「由覺悟之人傳遞給覺悟之人」

然而，為了達成這項課題，我不能僅是像個擴音器一樣，或者像街頭演說那樣，只是出聲而已。僅是「儘量擴大接觸面積，讓更多的人接觸得到」，是無法讓真正的法弘揚開來的。

弘揚佛教的到底是誰？難道不是那些追求覺悟的優秀修行者們的力量嗎？

在真理的世界，一人之力有可能相當於一萬人、一百萬人的力量。

在公司的工作，一個人頂多只能做到三、五個人份的工作量。但在真理的世界，一個人的價值、一個人的活動、一個人的人生態度，並非是相同的價值。

我在這五十年講述完各種教義之後，如果每隔十年、二十年，就能連綿地出現能夠傳揚教義的人，那麼法燈就得以傳承下去。希望各位明白這一點，這即是「佛教的基本」。

目前，日本有很多包括各種新興宗教在內的教團。根據官方資料，據說數量達到了十八萬，而尚未依法進行登記的團體據說達到這個數字的兩倍、三倍之多。然而，大多數新興宗教在首代教祖逝去之後，都出現了大規模的混亂，以至於逐漸失去了作為一個團體的生命體。

為什麼會出現如此情況呢？因為他們把真理視作「財產權」並試圖繼承。為了保護自家蓋的建築物、自家獲得的土地、自己每日的生活，他們打算像「繼承遺產」一樣去繼承真理，這正是錯誤之處。

真理，必須是由覺悟之人傳遞給覺悟之人才行。

佛教的歷史又是如何呢？佛法從印度傳到中國，從中國再傳到日本。但親子也好，兄弟姐妹也罷，這些關係在佛教的真理繼承上沒有任何意義。

「由覺悟之人傳遞給覺悟之人」，此為基本。

身為日本人的空海在中國繼承了法燈的理由

各位或許讀過《●空海的靈言》。空海遠渡中國，接受了圓寂前的惠果和尚、惠果上人的教義。中國在當時也是外國，在中國人眼裡，空海完全是個來自異國他鄉的日本僧侶。一個既不知其名，又不曾往來過的外國人渡海而來，惠果卻把最重要的法的繼承託付給身為外國人的空海。

如果這發生在現代呢？日本有許多宗教團體，假如有來自澳洲或加拿大的外國人前來求道，有可能讓那樣的異國人去繼承法燈嗎？

那個人若歸化日本，從此在日本生活也就罷了，但如果他終將回歸母國，還有

●《空海的靈言》　收錄於《大川隆法靈言全集 第3卷》（宗教法人幸福科學刊行）。

可能將法燈讓出去嗎？究竟哪個禪寺的和尚，能讓從中國前來留學的人繼承其衣缽呢？

如此看來，雖然是發生在距今一千兩百年前的事，但惠果的作法非常具有國際視野，立足於真理的視角，做出了不拘一格的判斷。

不過，惠果把法燈傳給空海，讓其「繼承衣缽」而圓寂之後，他的那些齊聚在中國的資深優秀弟子們想必感到很遺憾且悔恨吧。

「我們追隨惠果和尚，跟他學習了數十年。他的教義沒有傳給我們，卻傳給僅來半年就歸國的外國人，豈有這種道理？」弟子們即是如此議論紛紛。

然而，法就是如此，就是如此地嚴酷。

所謂覺悟之道，是連接山頂與山頂之間的山脊，絕不是山谷道路或山間小道。攀登覺悟之道時，是不容許下到山腳下的。得要「從山頂至山頂」、「從山脊至山脊」。

關於法，絕對沒有所謂「這樣就足夠了」

各位一定要明白「法的嚴酷」。

法是不留任何情面的。

因為，「法是否被正確傳揚」、「是否傳揚了正確的教義」這一點，決定了不僅是現代，還有後代人們的幸福。

是劃分幸與不幸的關鍵。

因此，對於法的嚴酷程度，不可能存在妥協二字。

如此一來，學習法的各位，

每一個人都要「日日以此為修行」、「日日以此為劍鋒所指」。

若沒有每日立於日本刀尖上生活般地不容玩笑的氣概，

如何能去拯救後代的人們？
別說後代了，能夠拯救當下生活在現代的人們嗎？

因此，幸福科學變成一萬人也好，
變成一百萬人、五百萬人、一千萬人也好，
假如齊聚而來的人們只是單純的客人，
那麼人數就沒有任何的意義，起不到任何助益。
與其如此，假如其中有真正體悟到覺悟的人，
哪怕只有一、兩個，
才更是會對人類產生巨大的助益。
各位必須知道「法的傳道與繼承」的核心思維。

在基督教，有個名為保羅的人，
作為偉大的傳道者名留青史。
不過，保羅儘管在其活動、行動上有其偉大的一面，
但在法的理解上卻有著曲解了基督教的一面。
他並沒有充分地獲得覺悟。
那個部分，
也為後來的基督教會、基督教徒們的命運留下陰影。
如此面向是存在的。
這是不可被原諒的。
「不可被原諒」，
絕非是指會「墮入地獄」。
雖然他得以返回天上界，

但沒有真正地、百分之百正確地理解和傳揚法，
且儘管沒被傳遞的部分只占百分之五或百分之十，
但考慮到那不完整的法已經流傳給兩千年後的人們，
那即是一件無法彌補之事。

因此，
各位必須明白：
「關於法，絕對沒有所謂『這樣就足夠了』」。
哪怕是傾盡智力，
傾盡生命，
傾盡熱情，
追求、追求、追求、再追求，即便是不斷追求，

也不可就此滿足。
而是要知道，
「或許還有自己尚未察覺的事物」。
必須知悉，
「同樣是聆聽我的話語，
聽過之後所產生的理解，每個人都不盡相同」。
必須知道，
「將不同的理解傳達出去時，
究竟會以何種形式傳揚開來呢？」
各位首先必須明白，
「法的嚴酷」、「覺悟的嚴酷」。

抱持強大的自覺，並從自己先覺醒起

因此，在真理的傳道上，
先「打造基礎」是理所當然之事。
我們並非是在演舞台劇，
也並非是在表演。
既然如此，齊聚而來的每一個人，
若不成為光明天使、光明支柱，究竟又有何意義呢？
難道不是如此嗎？

既然如此，
各位首先要再次回歸根本，

重新思考「自身的自覺」。

當各位回顧自身的自覺時，

自己究竟是否具備足夠的熱情和熱忱？

請對此思考一番。

各位是否有單純地以「是否有利可圖」為基準來看待事物？

是否抱持著世俗的盤算在思考？

是否憑著算計之心在思考問題？

這些方面需要重新審視一遍。

我絕非是在鼓勵要像基督教一樣，

被釘在十字架上殉教。

肉體的生死並不重要。

而是要把自己內心當中避難就易的心釘上十字架。

要把自己被欲望驅使的心釘上十字架。
要把被眼前的利益所迷惑的心釘上十字架。
這正是「人若未經重生，
便無法窺見神，便無法窺見靈」的真正意涵。
必須先死過一次才行。

對於真理，
若沒有抱持著如此強大、強大、強大、強大的自覺，
就無法真正成為自己的東西。

請先讓自己覺醒。
自己都尚未覺醒，
是無法讓他人覺醒的。

5 發現己心當中的神性

沒有任何一人是真理的敵人

幸福科學會收到來自各個團體的許多電話和信件，當中有些團體帶有脅迫意味地說著「自從幸福科學開始活動後，他們受到了極大的困擾，生意很不好做」。現在也是一樣，仍有信件寄來。

只不過他們尚未明白的是，「我們是抱著不退轉的決心在行動」。

他們是為了維護自身的世間利益而行動，

但我們是為了保護神心而行動。

他們終將明白，

我們彼此的「出發點不同」。

他們能否生活下去，

他們的團體能否存續下去，

他們能否給自己的員工發放薪水，

跟這些事情都沒有關係。

我們不會任如此事由去扭曲真理。

真理就是真理，正確之事就是正確之事。

神心就是神心。

如果不能將此宣揚開來，

身為神的傳聲筒的我就絕對無法達成使命。

內村鑑三曾經說過：

「我要向所有真理的敵人宣戰。」

我在心情上和他完全一致，

唯有一點與內村鑑三不同。

那就是，

我是站在「世上沒有任何一人是真理的敵人」的觀點上。

在這個世界上，沒有任何一人是真理的敵人。

有的僅僅是覺醒於真理之人，和尚未覺醒於真理之人而已。

我們的面前沒有敵人。

各位必須知道，

「這個地上沒有惡魔」，以及「這個地上無實際存在之惡」。

即便有些存在看似與我們對立，

但那並不是惡的實在。

那既不是惡人，也不是惡魔、撒旦。
那是尚未覺醒於真理之人的存在。
並且，他們亦是神子。
重點不在於善人與惡人之分，
而在於「眼睛無遮蔽之人」和「眼睛被遮蔽之人」的區別。
神並沒有創造出那般不完美的人類。
對於內村鑑三那「向所有真理的敵人宣戰」的氣概，
我們必須視之為榜樣，
但必須明白的是，
從根本上來說，真理的敵人是不存在的。
既然沒有敵人，那麼所有人都是夥伴。
雖為夥伴，也分為積極的夥伴，

與尚未察覺到自己必須提供協助的夥伴。
並且，眼睛被遮蔽之人，
在日本尚有一億人之多。
覺醒於真理的人，
現階段只有數百、數千，頂多也只有數萬人而已（說法當時）。
我們並不是要與敵人交戰，
而是要再度喚起他們心中，
對於那真實之法的懷念之情，以及心中之燈火。

既然如此，首先，「在走上自身之道路的強大決心之下，
我們既非要戰鬥，也並非要妥協，
而是要堅定地守望真理在世間自我展開的姿態」，

必須抱持這般心態。
必須抱持如此氣概。

抱持「彼此一體不可分」的觀點

而其根本在於「愛沒有敵人」這句話。
無論一個人有多麼堅固的「自我保護之殼」、「明哲保身之殼」，
都不存在足以抵禦名為愛的長矛的堅硬鎧甲。

既然如此，
我們在行動的過程中，
必須去找出每個人心中發光的佛性和神性。

必須去找出每個人的個性當中如鑽石般閃耀的光采。
並且，那鑽石的光采，
應該是各位在修行的過程中，
已經在自身的心中發現過的東西。
「關愛他人」，
意謂的是「關愛他人心中那神聖的光輝」，
亦是「關愛存在於他人心中身為神子的本質」。
並且，存在於他人心中的神子的本質，
同時也是存在於自身心中的神子的本質。
這即是「彼此一體不可分」。
也就是神去發現神。
也就是神子去發現神子。

神子關愛著神子。
要透過如此觀點，
去抱持看待不分自他的觀念。

既然如此，
「自己有所覺悟」的意思即是，
「首先去發現己心當中的神性」。
唯有發現己心當中的神性的人，
才能發現存在於他人內心當中的神性。
一個人若是無法察覺己心當中的神性，
就沒辦法指出他人內心當中的神性，
也無法讓對方發現其內心之神性。

所以各位必須清楚，

「不應該區分小乘與大乘，

小乘當中已經蘊含了大乘之芽」。

《黃金之法》寫道，

「釋迦佛教的本質即是自利利他」，

「在自利的過程中會逐漸轉換為利他」。

這裡的「自利」所指的，

並不是明哲保身，

也不是「只要自己一個人好就行」的「自利」。

而是指「先讓自身被賦予的神的本質發光，

並藉由那道光的呼應，進而去發現其他的光」的道路。

各位必須明白，

這絕非是去區分自己與他人的教義。

6 探究正心與幸福的原理

「探究正心」是神佛賦予的救命繩索

在此，我認為必須思考如何發現自身內在的光芒，以及發現自身內在神性的道路和方法。

正如各位已經透過我的書籍、講演和講義所得知，我在幸福科學的創立之際，首先揭示的是「探究正心」與「幸福的原理」。並且講述了「探究正心既是通往真理的入口，同時也是出口」。

探究正心，是貫穿各位人生修行的一根樑柱。

而這也是各位與神佛相連結的一條救命繩索。為了讓我們「絕不可沉溺於世間的迷妄大海中」，神佛賜予了每一個人救命繩索。這條救命繩索，正是名為「探究正心」的修行，即「探究自身的正心」。

「正確」是指在發掘真理的過程中所出現的價值

何謂「正心」？

我在已出版的《新・心之探究》（幸福科學出版刊行）一書中，從各種角度講述過心的應有之姿，但我所講述的「正確」，並非是善惡二元論的正確。

它指的是在發掘真理的過程中所出現的價值，而這就被稱之為「正確」。是深入、深入、再深入，探究、探究、再探究，讓光輝更加璀璨的價值，這便是我所指的「正確」。

因此，這裡所說的「正確」，已不再是像戒律那般「這能做，這不能做」的階段。

過去，許多光明指導靈們在世間持有肉體時，制定了「何事能做，何事不能做」的諸多戒律。諸如「汝不可殺生」、「汝不可偷盜」、「汝不可做偽證」等各種戒律。摩西是如此，佛陀亦是如此。他們給予了諸多戒律，向修行者提示何為不可逾越的準則。

但是，那並非「這是正確，而這個並非正確」的意思。

而是為了不讓修行者們在邁向覺悟的道路上誤入歧途，而設置的「一個圍欄」、「一個路標」。

抱持著探究未知事物的勇氣，乘船航向真理的大海

既然如此，我們必須從「二元論性質的正確」與「正邪的階段」跳脫出來。並

且擁有足夠的勇氣，從各般事物中發現真理的光輝。

真理並非是「這麼做就可以上天國，違反了這條規則就會下地獄」的如此單純的法則。要知道，那僅是為了保護初級修行者們而制定的戒律而已。

難道不曾踩死一隻螞蟻、不曾殺死一隻蚊子就離開世間的人，在實在界就能得到好評嗎？並非如此。儘管殺過一隻蚊子，卻拯救、指導、引導了數萬、數十萬人的話，那麼正確的天秤是倒向這一方的。

我們不應該因為戒律，而單單成為弱小的善人。

而是必須擁有足以深入各種事物，去探究、探險「正確」的勇氣。

我們既不是宗教家，也不是其他什麼人。

須知，我們是向真理的大海揚帆起航的船長和船員。

我們是否為宗教，

這些都不重要。

我們要拿出與五百年前發現新大陸的哥倫布的相同心情，

乘船航向真理的大海。

在這地上，

或許已經沒有未經探索的大海或陸地了。

真理探究者的下一個方向，

下一步該前往的方向到底在何處呢？

那即是「離開地上之後的世界」、「神佛的世界」、「實相的世界」。

既然如此，必須知道「我們是科學家，是探險家」才行。

各位必須將心置換，轉換思維。

要明白「我們即是麥哲倫，是哥倫布」。

「我們即是現代的伽利略」。
「我們即是現代的哥白尼」。
因此，「探究靈性實相的世界，就是從現代通往未來的科學」。
所謂科學，就是「探究未知的事物」。
而這也是幸福科學的立足點。

探究由正確所多角化展開的「四正道」

明白了「人生貫穿著一條名為探究正確、探究正心的主線」的道理之後，那麼接下來，「幸福的原理」又究竟為何？

一九八七年三月八日，在牛込公會堂的講演會（參照本書第1章）上，我講述了「名為愛、知、反省、發展的四條道路，是現代的四正道，也是邁向現代覺悟的道路」、「探究這四條道路即為幸福的原理」。同時還提到了「我們所講述的幸福，並非僅是世間的幸福，也不僅是靈界的幸福，而是『貫穿世間與靈界的幸福』」。

必須知道，「邁向真正的幸福的道路，也是邁向覺悟的道路」。

我們所說的幸福，

正是「獲得覺悟的幸福」。

何謂獲得覺悟？

那指的是「知曉在此世與來世輪迴轉生之人的真正之姿，

知曉應該走上的人生之道」，

以及「不光是知曉我們經歷修行過程的這個三次元現象界，

還要知曉四次元、五次元、六次元、七次元、八次元、九次元，
如此神佛所創造的實相世界」，終將歸結於此。
這即是「知便是覺悟，覺悟便是幸福」的涵義。

「知曉一切」，
究竟是多麼幸福的一件事？
無論在世間過著多麼富裕的生活，
無論如何位極人臣，
活著時若不明白「自己從何而來，往何處去」、
「在真正的神佛眼中，神佛是如何看待自己的人生態度」，
那麼此人是不幸的。
即便我們積攢多少財產，

也無法將存摺帶到來世。

無法將名片帶到來世。

我們能帶去的，

唯有「自身的清淨之心、正確之心、真實之心」，別無其他。

既然如此，首先要探究自身內心的正確，

並探究由正確所多角化展開的「愛、知、反省、發展」這四個原理。

因為這正是含括了小乘與大乘的「人所應走上的修行之道」。

7 不經反省，便無覺悟

反省的前提——擁有真理知識

我已在一九八七年五月的講演會上講述「愛的原理」（參照本書第2章）。當時我講到「愛裡面並不是只有單純的平等知、平等的愛，還會根據知的差異而出現不同的愛。愛也有其階段之分。愛當中亦有著努力的目標，亦有著修行之道」。

並且，在同年七月的小金井公會堂的講演會中，我講述了「心的原理」（參照本書第3章），講到了自身主動進行「探究正心」的內容。

這一次的講演主題，我雖然訂為「覺悟的原理」，但我現在正在講述的即是「愛、知、反省、發展」當中，反省的原理之意涵。

幸福科學提倡的基本原理，首先從「幸福的原理」這一概論開始，接著是「愛的原理」，並在「知的原理」之前先講述「心的原理」，現在則是提到「覺悟的原理」，一九八七年十二月再講述「發展的原理」。在一九八八年春天，順序雖然有點不同，之後還會講述「知的原理」。我打算在一年內構建出最初的基本法的骨幹。

既然如此，「覺悟的原理」就必須論及「反省的原理」，以及反省的方法論。

何謂反省？

先前提到，「覺悟前須先有知」。這麼說是因為人們會選擇對自己有利的方式、自己所想要的方式來度過人生。至於為什麼會這麼做？只有一個理由，那就是人們認為這麼做沒有不好。

既然如此，為了回顧自己任性的人生，為了以第三者的角度檢視身在透明玻璃箱裡的自己，擁有真理的知識就成了前提。知曉偉大神佛的光如何展開，將成為照射自己的鏡子與光線。

從「知」開始的原理，下一步會開始向「自己的內部」深入、深入、深入、深入且深入地進行探究。

透過反省「洗滌己心」，發現神子的本質

各位在接觸真理以前，有沒有思考過「自己每天的所思所為、心念的狀態」呢？或許在小學生或某個階段，或家庭中，作為道德性的話題被教導過反省的德目。然而，恐怕沒有人教導過各位「反省的原理，是為了挖掘、發現神子、佛子的本質，亦是邁向本來的覺悟的方法」。

距今兩千六百年前的印度，釋迦講述了各種教義，其原點首先就是「反省」。

人類出生於這世間，以嬰兒之姿誕生，在家庭裡被養育，受到父母與學校的教

育，受到友人和來自社會各種人們的影響。無論好壞與否，都會沾染上各種「顏色」。

並且，人們穿著染色的「衣服」生活。只不過人們並不知道自己的衣服被染色了。每個人都期盼度過美好的人生，帶著這樣的願望生活。但遺憾的是，許多人是過著被染灰的人生。

正因如此，才需要反省，這是在「洗滌己心」。

我們並非生來就穿著髒兮兮的衣服，心的質地其實是美麗無瑕的，但在二十年、三十年、四十年、五十年的人生過程中，逐漸被染上各種顏色。

對於心朝著正確方向的人來說，其呈現的顏色是鮮豔的天上界的顏色。反之，則會漸漸變成混濁的黑灰色。所以，要察覺到「對此一無所知地懵然生活著的自己」。

說到「有什麼是悲哀的」，沒有比分不清自己本來的姿態與現在的姿態有何差異的人更悲哀的了，沒有比那更悲哀的人生態度。

因此，反省的基準，要從「首先知曉神佛之心與己心之間的距離」開始。

8 進步與和諧

「進步的原理」與「和諧的原理」是覺悟的根本原理

明白距離之後，接下來要怎麼做呢？

接下來，難道不是「找回本來的自己」嗎？那麼，要找回本來的自己有哪些方法呢？以前曾有過八正道、六波羅蜜多等各種方法論，但無論哪種教義，都只有一個基本。

覺悟的根本原理大致可以分為兩個原理，就是「進步的原理」與「和諧的原理」這兩大原理。

進步的原理，是個人立志向上、發展的原理，也就是「精進」。這是覺悟所具備的其中一個面向。

覺悟具備的另一個面向是什麼呢？即是和諧的原理。也就是「自己努力向上的時候有沒有傷害到他人，有沒有為更多人們的幸福做出貢獻」。

朝著妨礙他人的方向伸長的樹木必須將其砍倒才行，為了讓樹木可以彼此共存，得筆直朝著天空伸長才行。

倘若有些樹斜著長，而有些向下長、橫著長、彎彎曲曲地長，那麼其他樹木將無法伸長。伸長是被允許的，但不容許妨礙他人。因為那種成長方式，無法構建出真正的幸福。

因此，「在進步的同時向著和諧的方向」很是重要。

「平等觀」與「公平觀」是掌管宇宙的法則

那麼，在進步與和諧這兩大原理背後的是什麼呢？

其實，和諧的原理的基礎點在於人類是神子、佛子的如此平等思想。「萬物皆從神佛的懷中分出，皆具備同等的價值」，這思想就是平等觀。這正是「和諧的原理」的原點。

另一個進步的原理指的是什麼呢？即是「即便出發點是平等的，但依據付出的努力不同，就會被認可相應比例的成果」。換句話說，進步的原理就是公平的原理。

為了讓大宇宙得以發展和繁榮，需要實現「進步與和諧」、「公平與平等」這兩方面的價值。

所有人都是平等的。在出發點上是平等的，在可能性上是平等的。儘管在「被允許無限進化」的可能性上是平等的，但在努力的結果上，會呈現一個不平等的世界，對此不可不知。

須知，「平等觀與差別觀」，或者說「平等觀與公平觀」，這兩者是掌管著宇宙的法則。

一定要明白，「同樣身為神子、佛子，即便被允許產出無限的成果、無限的發展，不過有的人努力，有的人不努力，有的人前進，有的人後退，將所有人一視同仁將無法實現真正的正義」。

努力與結果相對應，播下什麼樣的種子，就會顯現出什麼樣的成果。有時候這被稱之為「緣起之法」，有時被稱之為「作用與反作用的法則」。儘管有多種說法，但無論哪一種，講的都是「會出現與原因相對應的結果」，這正是公平的原理。

釋迦曾說過「山川草木、國土，一切萬物皆有佛性」，萬物皆宿有佛性。這是平等知的發現，是平等觀的發現。

但另一方面，釋迦卻也指出了「覺悟有階段之分」。這是什麼意思呢？他發現了另一個原理，稱之為「公平的觀點」。

這原理是指「有原因，就會出現與之相對應的結果。即便是優秀的指導者，即便是光明天使，但凡步入歧途的人就會遭到相應的反作用。即便始於平凡，但只要透過努力獲得成果，此人也能被賦予相對應的神佛的榮光」。

一方面關愛萬物且平等看待萬物，同時又努力向上的「覺悟的原理」

我們首先要察覺，

「這兩個原理存在於幸福與覺悟的基礎上」。

既然如此，我們努力的方向只有一個。

那就是，

「所有人都是神佛之子，所有人都擁有相等的佛性，

但是既然佛性的顯現方式存在著各階梯與高低差，

自身就必須關愛萬物且平等看待萬物，

並在那過程中努力向上才行」。

這就是「覺悟的原理」。

並且，

其中一個方向便是「除去自己心中的烏雲、污垢，找回本來的光輝」，

另一個則是「一方面構築更高一階的人格，一方面朝著讓更多人獲得幸福的方向，鼓起勇氣邁出第一步」。

如此原理不僅適用於各位，

也同樣適用於我自己。

讓我們一同抱持著勇氣，邁出向上的第一步。一起努力吧。

第5章

發展的原理

一九八七年 第五回講演會
一九八七年十二月二十日　說法
於東京・日本都市中心

1 先有反省方有發展

「先打好腳下的基礎」是邁向發展的出發點

本章終於要來論述「發展的原理」了。

正如我出版的書籍當中所描述的，幸福科學在有關「發展」的思想上，主張「先有反省方有發展」、「先反省後發展」。也就是說，我們使用「繁榮」或「發展」這方面的詞語時，並非僅是意味著如同在沙地上建造樓閣般的發展和繁榮。

我們最初的出發點，是從「先打好腳下的基礎」開始。這便是「由基礎至樑柱」、「由內至外」的基本態度，這不僅是教義當中的內容，也是我們的行動原理。

有許多人想在世間建設烏托邦，並且不僅是在「宗教的世界」，在「政治的世界」、「經濟的世界」、「藝術的世界」、「文化的世界」也一樣，在各個世界當中，都有許多人胸懷建設烏托邦的願望。

然而，其中有許多人卻引發了各種混亂和錯誤。

為什麼會如此呢？其中一個原因在於，「他們打著理想的旗幟，卻沒有腳踏實地」。

其中有些人興起了學生運動，還有些人引發了像是聯合赤軍的事件。

或許從本質上來說，他們想要建設出自己理想當中的美好社會，但他們所犯的錯誤為何呢？那即是「他們明明尚未確立自身，卻試圖去拯救、引導眾人」，這便是最大的問題所在。

如此狀況絕非是首次出現。

距今兩千五百年前，中國有一位名為孔子的人物，他曾講述過要先「修身」，之後再「治國平天下」，這是一個可以讓全社會變得美好的步驟。

此外，距今兩千六百年前，印度的喬答摩．悉達多，即釋迦牟尼佛所講述的教義也是一樣，要從「先打造自身」開始做起。

當時眾多弟子都急於「既然接觸到了如此真實之法，就必須儘快講述給人們得知，必須儘快傳布開來」，但這時，佛陀制止了他們。

「不可焦急，汝等須先磨練自身。

磨練自身這件事永無止境。

花費一生時間也要持續不斷地磨練自己。

去了解自己，察覺自身的不足之處。

須知，想要向他人說法，此時自己就已經產生了增上慢。

不可忘記檢視自己。

一旦忘記檢視自己，便是墮落的開始。」

當時佛陀向弟子們如此講述。

須具備何種觀點才能避免輕易產生慢心

自從幸福科學展開運動以來，我也接觸到了許多人，目睹了許多人的姿態，傾聽了許多人的想法，閱讀了許多人所寫的內容。而我從中感受到的是，「對人來說最困難的時期，歸根究柢，在於當自己想要成長的時期，想要立足於世的時期，想要獲得認同的時期。這些時候是最困難的。」作為修行者，此時最為困難。

但是，如此困難是「最初的關卡」。不通過這道「關卡」，不穿過這道「窄門」，通向覺悟的道路就絕對不會打開。

既然如此，我們就不可以忘記時常檢視自己。

人是一種動不動就會得意忘形的存在。不僅是各位，我也是如此，我周遭的人們也是一樣。

我們已經出版了二十八本書籍，總發行冊數也達到了五十萬本（說法當時）。但這頂多算是一個里程碑罷了。

我們的目標不僅是日本的一億兩千萬人，還要讓海外的人們也察覺於真理。並且，不光是當今時代，也要為五百年、一千年、兩千年、三千年後的人們留下心的食糧。

既然如此，我們只不過是踏出了第一步而已，對此必須深深地、深深地刻在心上。

我為了不讓自己產生慢心，在剩下的數十年人生當中，若是可能的話，希望能夠出版一千本真理的書籍（說法當時。截至二〇二五年二月已經出版了三千二百本以上）。出版了二十八本書，就意味著還剩下九百七十二本。目前僅是最初的一小部分。

況且，日本有一億兩千萬人。現在正在閱讀我們的書籍的只有數萬人，成為信徒的也只有數千人（說法當時）。路途還很遙遠，因此，不可陶醉於「安逸的成功」，我們必須確認現今所身處的立場。

各位當中有許多人是優秀的靈魂，但越是優秀的靈魂、越是古老的靈魂，就越是要好好地檢視自己。不可興起慢心，不可輕易產生驕傲之心，不可妄自認定「自己很偉大」。一個人若是偉大，理應能做出相應的成績才是。但既然沒有做出相應的成績，就說明還沒那麼偉大，不過確實存在著變得偉大的可能性。不可忘記如此觀點。

2 何謂源自中道的發展

「源自中道的發展」是蘊含了無限的發展可能性的想法

今天的講題是「發展的原理」。

上回在「覺悟的原理」當中，提到了幾點關於「反省」的內容（參照本書第4章）。

接下來我要講述的「發展之法」，即是「中道之中的發展」。

所謂「中道之中的發展」，是指不傷害他人與自己，不傷人亦不傷己，是蘊含了「無限進化的可能性」和「無限發展的可能性」的想法。

既然如此，在發展之前，必須先有「踏入中道」這番作業。何謂「踏入中道」？何謂「不偏倚、不走兩極端」？對此必須加以思考。

我所指的絕不是「在方向盤打死的情況下駕駛車輛」。人生有時會往右，有時會往左，會出現各種情況。也就是說，我指的是「該向右轉的時候就右轉，該向左轉的時候就左轉，但別忘了回正方向盤」。忘了這一點，就會釀下大錯。

各位並不是機器人，既非是機器人，也不是像雲霄飛車一樣只在固定軌道上馳騁的存在。

各位是被允許能自由自在地思考、自由自在地行動的高貴靈魂，也是被賦予了最大程度自由的偉大創造物。

各位必須要將那「自由」作為原點，思索出修正人生軌道的方法，將其內化之後，再行實踐。

考。

為「踏入中道」而應捨棄的兩極端想法與行為①——發怒

那麼，在日常中應抱持何種心境而過，應抱持何種想法而過？對此必須加以思考。

這絕非是在說各位一整天在洞窟中瞑想、禪定就可以了。各位有著各自的立場，在各自的「立場」上，在無法避免與人接觸的現實情況中，「該如何維持中道的生活」？並且，「捨棄兩極端」指的是什麼？對此必須試著加以思考。

處於「兩極端」的究竟是何物呢？

其一，就是對他人有著明確有害的想法和行為。

比如「發怒」，這經常作為反省的材料被提出來。

各位有多少次發怒的經驗呢？例如，即便是被譽為德高望重的宗教家，當自己的自尊受到傷害時，也有人會不分青紅皂白地勃然大怒。這樣的人尚未明瞭修行的本質與正道。「不發怒」其實是最初的出發點，也可以說是「不生氣」。

為什麼人會憤怒、生氣呢？

這是因為希望他人照著自己的想法行動，但對方卻沒有如己所願。在不如己意之下，自然而然地就會動怒。

然而，這還僅是基礎中的基礎，僅是修行的最初階段。

我在這近十年從未生過氣。為什麼呢？因為我一直努力做到在怒火湧上之前，在那一瞬間，站在「對方的立場」、「自身的立場」、「第三者的立場」去通盤思考一切。

這是必須在一瞬之間做到的技能。

生氣的時候，人會忘記控制己心，只站在自己的立場上，用話語的槍矛攻擊對方。

假如能夠在一瞬之間為對方的立場著想的話，情況就會不一樣了。並且，當想到不光是自己與對方，還有第三者在看著的時候，又會出現別的觀點。

或者，不僅有「第三者」，如果意識到還有「諸高級靈正看著自己」的話，那麼思考方式又會不一樣了。甚至，一想到「神正看著自己」，小小的怒火就會消失了吧。

作為修行的一步，在「發怒」這一點上，請努力做到「在一瞬之間轉換看待事物的立場」。

為「踏入中道」而應捨棄的兩極端想法與行為②——妒忌、嫉妒心

除此之外，還有「妒忌」、「嫉妒心」。關於這一點，身為信徒的各位已經在月刊等讀物上面讀過了吧。

作為修行者，該如何控制「嫉妒心」、「妒忌」的情感，將是一個重大的「修

行關鍵」。

為什麼會產生「嫉妒」呢？這是因為發現「其他人從社會或某個特定人物那裡獲得了高於自己的評價」的時候，會感到自己的自尊心受到傷害。

為什麼會受到傷害？因為得知有人比自己得到了更多的評價、更多的關愛時，會反射性地認為自己獲得的關愛比較少，而為此感到惋嘆，進而在心中燃起嫉妒的火焰。

但是，修行者必須努力改變這樣的想法。因為嫉妒這種行為，不僅是一種會破壞他人的意念情感，也是一種會破壞自己的情感。

每個人的心中都有一個「理想樣貌」，在心中深處有著內部理想。

然而，所謂的嫉妒心，一言以蔽之，是一種「想要貶低他人」的心情。

但是，想貶低的那個人，其實正是「自己心中的理想樣貌」。事實上，那就是自己想要成為的樣子。明明是如此，站在那裡的卻不是自己，而是別人，所以才會感到無法原諒。

因此，嫉妒他人的心情，終究是傷害自己內心的「理想」、「理想之芽」的行為。一旦對他人產生嫉妒，就會在潛意識裡出現「自己不想變成那樣」的想法，最終讓自己走上反向道路。

所以，嫉妒不僅是一種「傷害他人」的觀點，在「為了不傷害自己」的這層意義上，必須要加以克服才行。

關於克服的方法，首先要說的是「這並不是依靠他人來克服的」。

心生嫉妒的人，總是把原因歸咎給他人，「原因不在自己身上，都是他人的錯……」的心情會越發強烈。

但是，問題最終還是在自己身上。正是自己打造出了「不容許有人獲得比自己更高的評價」的狹隘之心。

克服嫉妒心需要「透過每日的精進來加深自我信賴」

為什麼會產生那般狹隘之心呢？為什麼會產生那般偏狹之心呢？

歸根結柢，在於缺乏對自身的確信。缺乏自信，缺乏「自我信賴」。

為什麼會缺乏「自我信賴」呢？那是因為自己也非常清楚「自己沒有做出可以得到眾人讚賞的成績」。雖然還沒有成為能獲得他人讚賞的自己，卻想要被認可。於是落差便出現了。那麼該如何克服這個落差呢？

為了克服這個落差，有些人會走上安逸之路。安逸之路有兩條。

一個是「引起世間的關注」。上電視擴大名聲，或者吸引眾人的目光。有許多人會這麼做，傾向在世間出名露臉，並獲取滿足感。

還有一個是「希望在世俗以外的世界中獲得認同」的心情。

儘管自己在世間沒有獲得多麼大的成功，但在世俗之外的世界，譬如「真理的世界」、「宗教的世界」中，自己或許可以成為一個「偉大人物」。或者，即便在公司裡不受重視，但說不定在真理的團體中能受到注目？搞不好自己其實是「光明的天使」、「偉大的如來」？

有些人就是帶著想獲得認同的目的，而來到幸福科學。

但是，這些人有必要重新思考一下。問題的原因不在於外界，而是在自己身上。如果自己認同自身的價值，理應不會在意其他人的評價或眼光。正因為知道自己內心空空如也，才會想方設法地去掩飾。我是這麼認為的。

那麼，這樣的人應該怎麼做呢？

關於這一點，我過去已透過各種方式講述過，其中一個就是「精進」。這裡所說的精進，是指「每日的精進」、「每日不斷累積」的意思，這非常重要。

不能認為自己的負面情感和自卑感可以一下子就消除，也不要以為獲得了安逸的成功便可以馬上令它們消失。在各種毀譽褒貶之中，不可忘記於「不動搖的自己」、「不動搖的目光」、「能夠冷靜看待自身的目光」。

3 從自覺於平凡出發

在「自稱超人」且無所不能的內心當中

儘管我跟各位講了許多話語，但我絕不認為自己是個非常優秀的人。

我生來平凡，是「從平凡出發」。至今為止，我從不認為自己擁有優於常人的素質，我始終清楚自己是「平凡」的。我發現到，「當自覺於自己很平凡時，那便是一把能夠開拓出非凡之道的鑰匙」。

世上有太多才華橫溢的人，無論是男性還是女性，有許多人都在公司裡任職。其中有些人，是任誰看來都無懈可擊的人物，任何一家公司當中都有這樣的人物。

頭腦非常靈活、非常擅長與人溝通、工作效率非常高、麻將打得好、擅於打高爾夫球、喝起酒來千杯不醉、唱起歌來聲如天籟，還很有女人緣。就是所謂的「無所不能」。

類似這樣「自稱超人」的人，各部門大概都有一位吧。並且這些「自稱超人」的人經常有意地去刺激周遭的人。他們憑著自身的「無所不能」去刺激他人。

這類人確實存在吧。在這種人面前，許多人都會感到自卑吧。

我也見過許多類似這樣的人，也跟他們一起共事過。

跟這類人共事時，起初會非常羨慕對方，但過上一段時間之後，那種羨慕的感覺便會漸漸消失。

那是因為你會逐漸發現，他為了扮演一個多才多藝的全能形象，拚命地包裝自己。這類人的性格就是「如果不能時常從別人那裡得到『那傢伙真厲害』的評價，便會不安、無法忍受」。

這種人在內心深處其實相當「寂寞」，他們想要得到更多更多的認同，卻總覺得自己「不被認同」。這心情驅使他們去扮演、展示出「自己是無所不能的全能之人」。

我跟這種人接觸的時候，不太能從他們身上感覺到魅力。為什麼呢？我固然知道「自己無法像他們那樣多才多藝」，但從他們身上也感受不到真實性。之所以說沒有真實性，是因為他們帶著「不想表現出比別人拙劣的樣子，絕不想讓人看到自己劣於其他人」的心情，以如此防禦姿態過每日的生活和工作。這類人的心中總是驚濤駭浪，充滿了「不安」和「焦躁」。

正因為「從平凡出發」才能擁有「不斷累積的人生」

因為我生來平凡，所以懂得儘早放棄的道理。我採取的方針是「我雖然有擅長的領域，但在其他領域上就不過於勉強」。

「大略知曉各種事物」很重要。對人來說，「廣闊的視野」很重要，「經驗」也很重要。

就像這樣，大略知曉各種事物是很重要的。但我們可以看到，有許多作為全能選手，過著「全才」生活的人，到了晚年就會過上寂寞的人生。

那是因為儘管其他人都認為此人過得不錯，但就他們自己看來，這絕對稱不上是美好的人生。縱使度過令旁人稱羨的人生，但自己卻從來不認為這條人生道路有多麼美好。

當看到這種情況時，我們，或者說我個人，會覺得比起「旁人眼中的美好人生」，我更想過上「起碼是自己能夠心安理得的人生」。

因此，在某種程度上看清自身能力是很重要的。

說是「發展的原理」，讀到的卻是這類的內容，或許會讓有些人感到失望，但事實上，這內容跟「發展」是相關聯的。

任何人一天都只被賦予二十四小時，無論是各位還是我都一樣。美國人、中國人、非洲人、歐洲人，所有人每天都只有二十四小時。並且，僅有少數人能活超過百年以上。

不過，每天早上只要睜開眼睛，「錢包」裡就塞滿了二十四小時的「時間」也是事實。像這樣，每個人都被賦予了相同的時間。我們都生活在這個時間的框架裡。在這個框架裡生活的時候，我們絕不能把「成為全智全能的神」當成目標。

例如，有李奧納多．達文西這般人物，但成為像他那樣的人的可能性非常低。既然如此，我們首先要從清楚自己是個平凡的個體、自覺於自己是個平凡人這一點出發。「說不定自己的過去世曾是偉大的光明天使」、「搞不好自己是極為古老的靈魂」，某種層面來說，抱持像這樣的想法來提高士氣或許有其必要。但我認為「從平凡出發」亦非常重要，正因為從平凡出發，才能擁有「不斷累積的人生」。

4　解讀現代的中道

將時間分配給自身的內部理想是「人生成功的關鍵」

在各位當中，應該有人思考過「透過學習真理，能夠對工作帶來何種益處」吧。以剛才的內容來舉例，可能有些人的想法是「要在公司裡出人頭地，必須跟很多人打交道才行。哪怕通宵打麻將，每晚都有酒局，也需要有隔天能若無其事去上班的體力」。

然而，我想推薦各位的是，應將「自覺於平凡」視為出發點。先明白「自己一天擁有二十四小時，自己的才能在某些方面存在極限」的道理。人生僅數十年，假如不把精力花在「最能夠讓自身靈魂感受到共鳴」、「看向自己內心時，感覺到自己的內部理想」的事物上，就有損今生了。

認為「自己擁有無限才能」的人是無妨，但對於不這麼認為的人們，還是應該把自己的時間資源著重分配給自認為最重要、最有意義的事情上，這一點很重要。而我認為，這就是「人生成功的關鍵」。

現代的中道①——將所擁有的時間的八成分配給自認為最具價值的「本業」，剩餘的兩成用在拓展「經驗」

我在過去的研修會上曾講過，我以前是一名商社職員，所以也接觸過各項工作。但不應讓繁重的工作吞沒了自己，這一點非常重要。

談及我個人，目前「心的學習」、「講述心的教義」成了我的重大課題，在這數年間，這是最重要的主題。

既然如此，就應將八成的精力傾注於此，剩餘的兩成則用在累積各種經驗。我是抱持如此想法。

那麼，剩餘的兩成用來做什麼呢？那就是用剩餘的兩成來消化僅憑自己所無法獲得的人生經驗。

・商社時代的「產出時間的方法」

各位當中應該有人喜歡打高爾夫吧。有些人可能會按差點與他人競逐球技，比如差點是「個位數」或者「十」、「二十」等等。

各位或許會感到驚訝，不過我也打過高爾夫。只不過，我並沒有沉迷其中，而是「點到為止」。

比方說商社職員在工作的同時難免要面對「應酬」。撇除冬天，從春、夏到秋季，每個月都會打上一次高爾夫。這既是為了工作，也是無可避免的「交際」、「應酬」，是免不了的人際交往。

但我本人並不想把整整一天的時間都耗費在那上面。那麼，該怎麼做呢？只能找到一個妥協的平衡點。

高爾夫中，有個術語叫「差點」，我的差點大約在三十左右，是個菜鳥。儘管如此，在各個場地上也就比別人多打上一、兩杆，勉強能跟得上其他人，對我而言這樣就夠了。

甚至，若問起商社職員時代有沒有打過麻將？答案也是「有的」。雖然打過，但沒有「一直打下去」。打過兩、三次當然是有的，不過有一次，我找到了一個很好的藉口。

其實，我以前在紐約跟美國人打麻將的時候輸了。從那以後，我就一直用「我打麻將打輸過美國人，所以就再也不打了」來婉拒他人，這是我一貫的做法。「身為日本人竟然輸給了美國人，讓我感到非常羞愧。所以從那以後，我就發誓再也不碰麻將了」，這就成了我往後婉拒的理由。

自此以後，晚上的時間就空出來了，推辭的方法有千百種。

・高中時代、商社時代在運動等方面的「時間分配」

類似的事情在運動領域也發生過。我從高中開始接觸劍道，還拿到了初段。上了大學以後也練了一段時間，當然，要是一直持續下去的話能拿到二段、三段。但是我慎重考慮了花在這上面的時間和花在其他方面的時間之後，發現考量到時間分配，在這個階段就放棄劍道會比較好，於是在拿到初段的階段就止步，沒有再繼續深入。不過，我在實際比賽中的實力已達到二、三段。

此外，我還打過網球，事實上我在公司上班的時候曾是網球社的隊長。當時每個月會打一次，但若問我有沒有沉迷於此，答案肯定是沒有的。

為什麼我當上隊長了呢？其實只是因為我的號召力很強。我在官方比賽中沒有勝場紀錄，在隊裡，我這個隊長反而不成依靠，雖然會揮拍並打到球，但老是打出場外全壘打，水準實在有限。不過，在聚集人心的層面上，我是可以勝任隊長的。

或者說，只要有我在，總能為社團拿到預算。當我跟人事部、總務部交涉時，總能申請到豐厚的預算，所以被委任為隊長。就這樣，我做了兩年多的隊長，只不過是屬於以品德為中心的隊長。

對此，我已感到很滿足。當時是四、五十個人一起活動，但只要有我在就能整合所有人，只要有我在就能拿到預算，只要有我在就能得到去集訓的許可，這體現出了「我只要存在就行了」的所謂的「存在之愛」。之所以被稱之為存在之愛的理由僅僅在於因為我『不行動』，就像這樣，只須存在就能讓大家幸福，沒有比這更美好的事了。所以每個月一次，我會「存在」於網球場上（真實實力為職業網球協會認定C級水準）。

像這樣，我雖然接觸過許多事物，但都只會停留在適可而止的程度，不過度投入於其中，這便是我的做法。

譬如，在公司裡有許多業務員經常要面對「酒局」。要是一一應付，得從週一持續到週五。不過要是推辭並回家，恐怕又會被批評為「不合群」。

我不太會喝酒，以啤酒來說，可能連中瓶也喝不完，酒量大概就是小瓶到中瓶左右。若是摻水威士忌則頂多兩杯。

當遇到實在推脫不掉的應酬，從晚上七點到凌晨三點的八個小時，只能喝兩杯的我該如何撐過呢？當然是一直加冰塊，佯裝有喝下肚並一邊唱歌。

有許多諸如此類的事情，我始終貫徹著「不求自己成為『超人』，但也不會完全不與人交際或脫離社會常識」。

「本業佔八成，其餘佔兩成。並且，利用那兩成來增廣見聞，但自知沒才能時就不深入」，這就是我採行的主義。除此之外，我還有過許多淺嚐即止的經驗，不過基本上，重要的是「掌握核心部分」。

只要掌握到核心部分，就能連到「通往無限成功的道路」。

思考「如何在二十四小時裡，活出最高限度的人生」

那麼，如何連上成功的道路呢？

人在面對自己感到最有價值的事物時，是有可能持續地付出努力的，是有可能孜孜不倦地付出五年、十年、二十年的時間的。但是，對於自己感受不到價值的事物，就無法持之以恆。

既然能夠生而為人並享有生命，且自覺於「自己的力量有限」的話，為了讓每一個人都能成功，絕不能忽視自身靈魂深處最閃耀、最具吸引力、最美好的部分。

絕對不可把目光轉移到「挖掘出自身最棒的特質」以外的事物。

並且，既然一天只有二十四小時，重要的應該是思考「如何在二十四小時裡，活出最高限度的人生」。

這就是現在我所告訴各位的「現代的中道」。

若問：「加入了幸福科學，對真理以外的任何事物都漠不關心地生活於社會之中，是不是現代的正確人生態度？」我認為答案為否。以如此生活方式度日，或許確實能夠保護各位自身的「心的王國」，但也會因此失去來自人生路上遇到的其他人的影響，以及給予他人各種影響的機會。

作為「孤獨的哲人」而活，對我們來說並不是真正的理想。僅是要當個「孤獨的哲人」而活的話，留在天上界瞑想就行了。既然刻意選擇了轉生於世，就意味著「在與他人交流的過程中，蘊含了某種修行的食糧」。

因此，需要透過磨練自身來增加影響力才行。並且，在人生當中，或許會認為有些事物是無謂之事，但有必要從中找出能夠磨練靈魂的「經驗」部分。

一方面不斷磨練自身，一方面逐漸展現影響力的「中道的想法」

若將百分之百的心力耗費在自己不關心的事物上，如此人生是愚蠢的。但是，也不能將百分之百的心力只使用在自己身上，因為那意味著失去「對他人產生影響」的時間。

我現在以如此形式，每兩個月向各位講話一次。本來我想要接觸到更多的人，講述更多的事情，哪怕是多一個人也好。

不過，在我現在的生活當中，也可以充分看到「中道的想法」的蹤影。不百分之百地為自己而活，也不百分之百地為他人而活，而是一方面保留對自己而言可以接受的時間，一方面盡可能地與他人接觸，給予對方影響，並希望擁有能夠影響他人的機會。

首先，即便是現在，我仍將八成的時間用於「磨練自身」之上，剩餘的兩成則用於與他人接觸。

這個比例就各位看來，可能會感到有些不可思議。「要是真的想弘揚真理，拯救人類的話，那樣子是不行的。要一天二十四小時都竭盡精力接觸更多人，對更多人講話才對」，可能有些人會這麼認為。

然而，這種想法是「短距離競爭的想法」。一百公尺固然可以全力衝刺，但那種跑法是無法跑完「人生的長距離馬拉松」的。

所以，重要的還是在鞏固自身的過程中，漸漸地展現自己的影響力，並對他人產生影響。

現代的中道②——打造「水面下的冰山」

未來，本會當然也會增加會員，或者單次講演的來場人數也會逐步增加到兩千人、三千人、四千人、五千人吧（說法當時。截至現在，已經舉辦了超過五萬人規模的講演會）。屆時，我必須準備講述給眾人的法才行。

這是為了顧及未來的人生態度。

也就是說，在二十四小時裡，不應該在當下就把一切都放射、發散出去，需要為將來佈局，為將來蓄積能量，如此想法非常重要。

尤其是站在「向他人講道」的立場上，關於人心的問題、自身的問題，是無論花再多時間思考也沒有盡頭的，絕對沒有。

更不用說，各位也是一樣。在會員裡面，有些人在研習會、研修會的測驗中取得了優異成績，也有人受到表揚（說法當時），或許他們在測驗中往往都取得了九十分以上的好成績。然而，雖然我們姑且把測驗成績的滿分設定為一百分，但以神的目光來看，那個九十幾分有可能是「一萬分當中的九十幾分」、「一百萬分當中的九十幾分」，也有可能是「一億分當中的九十幾分」。所以不要僅是探討自己距離終點還差多少分，還必須明白「前方還有更廣闊的世界存在」。

我想說的是，各位現在充滿了熱情，想要把得知真理的這份喜悅盡可能地傳遞給更多的人，但在這之中，不可忘了自己內在「蓄積」的概念，不可忘了「充電」的概念。一旦忘了這些，就會在與他人的人際關係中產生各種動搖。

正因為展露在外的是百分之百的自己，才會容易被他人的評價所左右。展現於外的自己，只要一、兩成就可以了，正如那冰山一角一般。而其餘的八、九成則要向內深深地、深深地挖掘下去。正因為有了「秤砣的部分」、「水面下的部分」，才能夠在人生的浪潮中乘風破浪。

假如浮於水面上的是完完整整的自己，很容易成為向左右兩極端搖擺的原因，對此不可不知。

不可對「表面的自己」過度思考，心不可過度被表面擄獲。應該對「表面下的部分」、「水面下的部分」更有自信才是。對於那不會受到他人評價的部分，更是應該抱持自信。

現在，請各位把手放在胸口好好想一想。認真地想一想自己擁有多少「水面下的部分」。當去除了被他人所見、被他人評價的部分之後，自己還剩下多少？

如何呢？去除了工作部分之後，還剩下什麼呢？去除了家庭以後，還剩下什麼呢？不妨思考一番。去除了日常生活中被人們評價的自己之後，還剩下什麼呢？希望各位能針對這一點想一想。

這些不被他人所見的部分、「水面下的部分」越是大，冰山便越是大。並且，自己不會再被些許風浪所影響。如此一來，便形成了「不動心」。

要明白，「建立水面下的部分，也是進入中道的其中一個方法」。

難道不是因為水面上的部分幾乎佔據了全部，才會對他人的言語感到憤怒、憎惡、嫉妒、抱怨嗎？難道不是因為對那任誰都看得到、表露無遺的自己沒有自信，才會變成那樣嗎？當自己有八、九成是他人看不到的部分，且自己對這部分抱持莫大自信時，還會在與他人來往時變得情緒化嗎？

會變得情緒化主要是因為自我的部分太大，總想著「我怎麼樣……我怎麼樣……」。我想說的是，既然這麼看重自己，為何不向內挖掘更多他人看不見的部分，為何不試著創造出更偉大的自己呢？

剛才在關於如何進入中道的現代方法上，提到了「將八成心力用在自己最感興趣的事物上，剩餘兩成用來累積各種社會經驗」。另一個方法，在某種意義上與第一個方法相同，那就是「打造水面下的部分，打造水面下的冰山部分」。這是讓人生變得安定，進入中道的方法之一。

換句話說就是「打造自己人生的基礎部分」，打造好這個部分，即能成為對抗各種風浪的方法。

現代的中道③——抱持「時刻保持前進」的方向性

那麼，進入中道的第三個方法是什麼呢？第三個方法究竟是什麼樣的思考方式呢？那就是「讓自己時刻保持前進」。

這與騎腳踏車的原理相同。

各位第一次騎腳踏車的時候，應該想過這麼不穩定的東西怎麼能騎吧？只有兩個輪子，輪胎也僅五公分、十公分寬。這種東西為什麼能坐得上去呢？各位沒有這麼想過嗎？

「為什麼會發明出這樣的交通工具呢？從常理來想，四輪車比較合理吧。或者至少應該是騎三輪車才對，可是製造出來的卻是二輪車。人們製造了二輪車，並騎著它到處跑，是誰想出這種東西的？跨坐在這麼不穩定的東西上，怎麼可能筆直前進呢？」想必有人曾這麼想過吧。

不過，腳踏車在靜止狀態下雖然會倒，但在「時刻保持前進」的狀態下卻不會倒，這其中便蘊含了腳踏車不會倒下的理由。

也就是說，為了實現自身理想，必須既不偏右也不偏左，讓自己時刻保持前進。為了解決「向右還是向左」的力學問題，需要先滿足「保持前進」的如此方向性。

為了捨棄極端的自己並進入中道，只有在確認到自己「正在持續向前進」時，方能做到。每天僅是無所事事地坐著，不能說是「已進入中道」。既然中道是一條居中的道路，那麼道路就是用來前進的。是為了向前進，才會有道路的存在。

以上，我先講了「八成與兩成」的思考方式，接著是「水面下的部分，打造出不受他人評價的部分」的思考方式，第三個則是講了「筆直向前進，讓自己時刻保持前進，要秉持如此方向性」的三個思考方式。這是現代的中道的思考方式，也是非常容易理解的思想。

5 進入中道，讓自身閃耀光輝的反省

「從中道的發展」的源頭為反省

除了剛才講到的內容之外，還有傳統的方法，那就是「反省」。關於反省的方法，有著無數的想法、無數的視角。光是反省的部分，事實上就必須一個人、一個人地細心教導，否則就無法理解。

但是正如我反覆提及的，「反省」指的絕不是「承認人是罪惡之子」。反省並非是要各位檢視生來就污濁的自己。反省自身的時候，一定不可忘了己心當中一直存在著如「鑽石的原石」般閃耀光輝的本質。

這也是我這次要講述的反省方法的特色之一。

透過反省，
並不單純是為了完全去除己心之惡，
也不是在說「人是罪惡之子」，
也並非只是要人們「修正錯誤」。
而是不要忘記在那深處存在著美好的自己，
不要忘記在那中心存在著金剛石的部分。
那部分是與高級靈為一體的，
是與神佛相連的一條管子，
是一條黃金的管子。
不可忘記其存在於自身當中。
透過這條存在於己心之中的黃金管子，

承接來自高級諸靈的光流，

在認識到自己有著如此理想狀態之後，

就應去除附著在這條管子周邊的烏雲。

這是我要告訴各位的事情。

因此，我所說的「反省」，絕不是讓自己徹底陷入悲慘之中的行為，也不是要讓自己感到自卑。

透過反省，各位必須像剛泡完澡一樣，有著清爽、舒適的好心情。須成為「真正溫暖的自己」、「清爽的自己」、「溫柔的自己」、「看起來很美好的自己」。在反省之後，自己必須要發光才行。若反省之後仍覺得自己如同破舊的毛巾一樣，就說明反省得還不夠。說明還沒有承認真正存在於自身心中的神子的實相。

在明確掌握到「在真正的自己的深處，有著如此美好的東西」之後，再把表面的污垢清除，這很重要。

去除表面污垢的其中一個方法，有個叫做「八正道」的方法。關於這一點，我已經透過「真說・八正道」，用現代的方式通俗易懂地講述過了。

透過「正見」，捨棄極端的「過大評價」與「過小評價」，達到平衡的視角

首先是「正確地看」。

「看」這件事，各位應該在日常生活中親身體會過其困難之處。自己看待他人時，覺得「對方是這種人」，但對方眼中的自己與自己眼中的對方存在著分歧，有時自己會對此毫無察覺地度過幾十年人生。

比方說，有些人儘管獲得周遭人們的真誠誇獎，卻始終認為「自己是個無用之

人」，這就說明沒有做到「看」這件事。相反的情況也比比皆是，自認為自己很優秀，但周圍所有人都認為「那個人很糟糕」，有些人根本察覺不到這些。所以，有必要去想一想，我們的目光是否過於頑固，不夠靈通？必須試著從其他視角看待事物才行。「過大評價自己」固然會成為墮落的源頭，但「過小評價自己」也不行。「正確地看待自己」比任何事情都重要。

在這方面，有一個可以達到平衡的思考方式，那就是「理解多種視角的存在」。即便有些人對自己惡言相向，但在世上的某個地方，勢必也存在著認同自己的人。如此視角，稱得上是一種「人生的安全閥」。

我們動不動就陷入「全有或全無」的想法，「要嘛完全被人喜愛，要嘛徹底被人討厭」，看法總是遊走於極端點。但必須知道，其實有不一樣的視角存在。

修正思想的軌道，磨亮靈魂的「正思」

・心中的所思所想代表了自己

在八正道當中，還有所謂的「正確地思維」。

這很不容易，雖然不容易，卻也是最初的出發點。之所以這樣說，是因為很多現代人都不明白「心中的所思所想，正是代表了自己」。

很多人認為，所謂的「自己」，就是印在名片上的頭銜，是戶口名簿上的名字，是大學的名稱、公司的名稱，那些東西就是自己。或者，很多人認為他人對自己的那份肯定就代表了自己。

然而，事實並非如此。

「此人的思維就等同此人本身」，這是被譽為羅馬賢帝的馬可．奧里略寫在

《自省錄》裡面的一句話。並且，這句話也因為美國的光明思想家愛默生的引用而一舉成名。從心理學的角度上，這句「你的思維就是你自己」的概念被活用於許多地方。

實際上確實如此。在離開世間的靈界當中，那裡除了思維以外別無他物。各位的所思所想即是一切。這就是一切，除此之外再無其他。

手、腳、口實際上也是不存在的。只是自己認為有，所以才會出現而已，本來是沒有的。沒有腦漿，沒有牙齒，什麼都沒有，有的僅是「思維」。

而我們在永恆的輪迴轉生中進行靈魂修行，要說磨練的是什麼，其實就是「思維」的部分。也就是說，如果解決了「正確地思考」這個層面，就等同於今世的修行已完成了將近八成。

・每天進行自身「思維的檢查」

然而，大多數人從來沒思考過「思維」二字。別說思考了，連意識到都沒有。大多數人是連想都沒想過「思維」二字而度過每日。究其原因，是因為總是有些無謂的想法不停地穿過腦海。

各位難道不是如此嗎？快到中午的時候會想著「午飯吃什麼」，午飯吃完了會想著「好想睡覺」。想睡覺時會想著「想喝咖啡」。如此無謂的想法和感想不總是環繞在腦海中嗎？這樣的人並沒有真正掌握到「思維」二字。

醒著的時候，至少有十六個小時的時間段，心中會產生各種心念。

在那十六個小時裡，各位在想些什麼呢，在思考些什麼呢？有沒有回過頭來想過這個問題呢？一天十六個小時，心裡想了些什麼？什麼都沒想嗎？還是出現了什麼情緒？又或者，大多數時間都在徬徨些什麼？是否因為自己的煩惱而悶悶不樂呢？經濟問題、父母的問題、學校的問題、工作的問題、上司的問題等等，思緒是不是停滯在一件事情上，一天十六個小時心裡老是想著那個問題呢？

這麼做可以嗎？如此浪費時間真的可以嗎？假如「思維」就是一切的話，真能放任不管嗎？應該不行吧？

因此，「『思維』的檢查」即是反省的其中一個方法。

只要在一天當中花費一點時間就可以。檢查一下自己醒著的時候都在思考些什麼，在想些什麼。腦中是否空空如也？還是空蕩蕩的腦子裡都塞了些垃圾？對此有必要檢查一番。

回顧這十六個小時，如果都是充滿了高貴的思想，那麼說明此人的靈魂是高貴的。如果充滿了愛的思想，那就說明此人是個優秀之人。如果充滿了慈悲的思想，便說明此人是個偉大之人。

如何呢？可否進行過「『思維』的檢查」呢？希望各位時而想一想。因為那就是你自身真正的模樣。當回顧一天當中的「思維」，發現盡是烏雲、汙穢的想法時，那麼代表你自己就是那樣的人。

只不過，要注意的是不能抱持全有或全無的想法。

一天當中會有許多的想法來來去去，這是只要身為人就無法避免的事。然而，不好的想法出現時，可以予以「去除」，也就是「修正軌道」的思考方式。

總是想著好事的人應該並不多吧。就像把自己的心放進玻璃箱裡時刻檢視那般，這並非是一件易事。

但是，即便心中湧現許多雜念，透過修正軌道，仍可以使其變回純淨。瞭解了「心念的理想狀態」之後，就應該每日予以實踐，這很重要。

6 邁向發展的反省

平凡的自己也能透過每日的累積開拓出非凡道路的「正精進」

在「發展的原理」當中，我最想傳遞的是「從中道的發展」。這近似於接下來的「正精進」到「正念」的階段。

關於「精進」、「努力」，至今已反覆講過許多次，且往後也會持續講述。必須要日日累積，「從平凡出發」，正因為是平凡的自己，才更要日日努力。即便是平凡的自己，也能透過日日的累積，開拓出非凡道路。哪怕自己本來是愚鈍的、愚蠢的、身無所長的，也可以透過「持續累積」，打造出與非凡之人一樣的成績。

我就是抱持如此想法而活。

有許多優秀的人、聰明的人，也有許多才華橫溢的人。那些人可能只需要一、兩年就能精通某些技能。不過，既然自己很平凡，既然自己如烏龜一樣，別人花兩年做到的事情，自己用五年的時間去做不就可以了嗎？用十年去做不就可以了嗎？

世上有許多具有才能的人。但是，對於他們用一年時間就能精通一門技能這件事，我一點也不覺得羨慕。正因為自己是平凡的，那些人只花一年的時間去做那件事情，但我可以花五年去做，五年做不到就十年。我不相信花費十倍的時間還無法追上對方。任何事情都一定能追上。並且，在這段期間內還能夠享受如此過程，我認為這是無上的喜悅。

向上天感謝自己頭腦不好也是很重要的。正因為頭腦不好，才得以不斷學習，才有學習的價值。甚至，我認為越是頭腦不好的人越是需要感謝神。因為，那說明「自己仍有許多可以磨練的餘地」。

這就是正精進的其中一個思維。

以「神的志工」的觀點，來實現偉大理想的「正念」

另一個在此想要著重講述的，是「正念」、「正確地意念」。這很重要，也是與「自我實現」息息相關的部分。我認為，在抱持理想的方法以及實現理想的方法當中，藏有許多問題和人生的祕訣。

當前流行自我實現，想必各位也透過各種書籍和機會學到了「自我實現的方法」。然而，那些方法中，多半都是以「獲得世間人們的評價」為理想。

然而，現在各位透過真理的書籍、講演、研習會等等，學到了各種嶄新的價值觀，以及從神的眼中、高級靈眼中所見的價值觀，各位理應了解了那些真理。

既然如此，就不應是安逸的自我實現、世俗的自我實現，而是必須了悟於「神的眼中的自我實現」。切不可怠慢於如此自我檢視。

幸福科學中有許多人在積極奔走於活動之中。當中的許多人都胸懷「自己很喜歡這樣的真理活動，所以無論如何也想幫上忙」的想法，並說著「請讓我也出一份力」。

只不過，有時這裡會出現一個錯誤。

那份熱情值得讚賞，那份理想值得讚賞。

那份「想參與」的心情值得讚賞。

但是，不可為了實現自己的理想而進行真理的傳道。

不應該是這樣的。

我們是為了實現神的理想而行動，不可以忘了這一根本。

不要忘了我們是為了實現神的理想的志工。

我並非是為了實現自身理想才投身於此。
為了實現神的理想，
現在我們是身為神的志工在投入行動。
各位擁有遠大的理想與目標是一件好事，
但請各位不可以搞錯觀點。
不可以從「藉此來讓自己完成自我實現，變得偉大」的觀點，
來看待幸福科學以及真理。
那是錯誤的。
不應如此。
不可忘記，
先有偉大的神的理想，
才有朝向那份理想的宏大洪流，

而「自己的職責」是作為那股洪流中的「一滴水珠」。
這是絕對不可忘記的事情。

7 愛、祈禱、自我實現

發展的極致是「神之心」

因此，所謂「正念」、「正確地意念」，其實正是「人生成功的原理」，也是「促使人生發展的原理」。而如此發展的極致，必須是「神之心」。

「發展的極致是神之心」這句話，

同時也代表著「愛的發展的究極姿態」。

請不要忘了這個觀點。

有如此認知，才會為了真正的自我實現而祈禱。

為了「正確意義上的發展」，
可以運用祈禱。
但是，不可僅是為了獲得自身幸福而祈禱。
不應該是這樣的。
在那極致當中有著神的理想，
而各位的祈禱必須是「願自己化作神的手腳，接近神的理想」才行。
必須是「為了成為那樣的自己，高級諸靈啊，請指引我」才行。
此處不可搞錯。
絕對不可以搞錯。
也就是說，我們必須立足於正確之上，
運用愛與祈禱，向「真正的自我實現」、「真正的成功」邁進。

走在「愛的發展」的世界

愛的發展的極致之處有神。
我們正攀登著那愛的階梯，
我們活於愛之中，
愛是一切，
愛是生命，
愛是光，
愛是能量，
愛是一道奔流，
我們就活在那道奔流之中。
身處在愛的大海之中，

為了偉大理想而祈禱。
「從愛到祈禱」、「從祈禱到自我實現」。
不要忘記這個過程的真正意義。

而其「基礎」，
是檢視自身的心，確立自己，接著「進入中道」。
在那之後才有無限的愛與祈禱，
也才能開拓「邁向真正的成功之路」。
我也每天走在這條道路上。
各位，我們一起努力吧。

〈特別收錄〉

《幸福的原理》後記

我期望擁有百萬名同志。現在，我真心如此思考。我所倡導的「幸福的原理」，是真正拯救眾生的道路，這已經在過去四年間得到實證。以這個實證為依據，我想以日本為舞台，掀起一場宏大的救世運動。

我願與各位讀者共同推動這個人類幸福化運動。我要將無神論、有害的精神活動從日本排除，讓真理成為國家的支柱。我希望讓更多的人瞭解真相，並宣告新時代的黎明的到來。

翻開本書的人啊，覺醒吧！救世時代的主角就是你。

一九九〇年　九月

幸福科學集團創立者兼總裁　大川隆法

《覺悟的原理》後記

在此，我明確講述了可稱之為法的要點的「覺悟的原理」、「發展的原理」、「知的原理」。這些內容對遵循真理而修行的人們而言，是不可或缺的精神指南。它嚴格且堅實，防止進化中的靈魂墮落，並促進和諧。

尤其是從中道的發展以及知的發展階段論，得以讓靈魂被確保永恆地進化。

一九九〇年　十月

幸福科學集團創立者兼總裁　大川隆法

後記

致改訂・新版的後記

各位應該已經很清楚，我作為宗教家的出道之戰是什麼樣的光景了吧。

這些熱情的講演誕生了全國的熱心信徒。

我重讀本書，不禁想誇獎無論是在十幾歲還是二十幾歲，都傾盡全力活著的自己。

認真的自己，以及不畏孤獨、滿懷熱情地探究真理的自己，以及向萬卷書奔赴的自己。回顧這不沉溺於私人之愛，只為眾生之愛而活的三十年，此刻我可以斷言的是，我的人生無悔。

未來，還很長。戰鬥還會持續下去。

二〇二〇年　七月二十六日

幸福科學集團創立者兼總裁　大川隆法

◆◆◆ 大川隆法「法系列」 ◆◆◆

太陽之法

邁向愛爾康大靈之路

太陽之法

法系列

第1卷

定價400元

本書明快地述說了創世紀、愛的階段、覺悟的進程、文明的流轉，並揭示了主・愛爾康大靈的真實使命，同時也是佛法真理的基本書。《太陽之法》目前已有23種語言的版本，更是全球累計銷售突破1000萬本的暢銷作品。

◆◆◆ 大川隆法「法系列」 ◆◆◆

永遠之法

愛爾康大靈的世界觀

定價400元

永遠之法

法系列

第3卷

「永遠之法」是世界導師‧大川隆法先生所提倡的「基本三法」之一，也是其思想核心的代表作。本書融合世界諸宗教思想體系，明示了人的靈魂在離開世間後，所前往的靈界次元「空間論」，揭開長久以來地球靈團覆蓋著的神祕面紗，以理論的形式呈現出真理結晶。

第一章　四次元世界　　第二章　五次元世界
第三章　六次元世界　　第四章　七次元世界
第五章　八次元世界　　第六章　九次元世界

◆◆◆ 大川隆法「法系列」 ◆◆◆

地獄之法

決定你死後去處的「心之善惡」

地獄之法

法系列

第29巻

定價380元

無論時代如何發展、科學如何進步，死後的世界依然存在。人之所以生於世間的源由？何種人生態度或心境，區分了死後會前往天國還是地獄？這是一本換了一個型態的「救世之法」，寫給正逐漸喪失信仰心、宗教、道德心的現代社會。

第一章　地獄入門—希望現代人切身瞭解地獄的存在
第二章　地獄之法—死後，等待著你的「閻羅王」的裁罰
第三章　詛咒與憑依—為了不墮入地獄的「己心的控制」
第四章　與惡魔的對戰—惡魔的實態及其手法
第五章　來自救世主的話語—為了拯救地球的危機

◆◆◆ 大川隆法「法系列」 ◆◆◆

彌賽亞之法

從「愛」開始 以「愛」結束

彌賽亞之法

法系列

第 28 卷

定價380元

「打從這世界的起始，到這世界的結束，與你們同在的存在，那就是愛爾康大靈。」揭示現代彌賽亞，真正的「善惡價值觀」與「真實的愛」。

第一章　埃洛希姆的本心——區分善惡的地球神之教義

第二章　現今彌賽亞應說之事、應做之事——給處於人類史的轉換點之地球的指針

第三章　彌賽亞的教義——改變為依據「神的話語」之價值觀的戰役

第四章　地球之心——為人類帶來靈性覺醒的「香巴拉」

第五章　彌賽亞之愛——在靈魂修行之地「地球」的愛的應有之姿

◆◆◆ 大川隆法「法系列」 ◆◆◆

幸福之法

讓人幸福的四個原理

幸福之法

法系列
第8卷

定價380元

要獲得幸福之前，首先必須先決心「擺脫不幸」！

提示多增加一分的工作術，在工作上能更游刃有餘！

幸福科學基本上教導人們源自「探究正心」的「幸福的原理」，到底何為「幸福的原理」，本書將以「愛、知、反省、發展」這四大原理進行闡述。

第1章　如何擺脫不幸—克服命運的方法

第2章　多增加一分的工作術—變得擅於工作的四個觀點

第3章　讓人幸福的四個原理—現代四正道「愛」、「知」、「反省」、「發展」

第4章　幸福科學入門—教導所有人「為了變得幸福的應有心態」

第5章　相信太陽的時代的到來—邁向《太陽之法》所引導的未來社會

◆◆◆ 大川隆法暢銷書 ◆◆◆

以愛跨越憎恨

推動中國民主化之日本與台灣的使命

以愛跨越憎恨

定價350元

這不僅是一本精闢剖析共產主義、極權主義的現代政治啟蒙書，更是為了遏止第三次世界大戰在亞太地區爆發，身為亞洲人必讀的一本書！

第一章　以愛跨越憎恨
第二章　「人類的幸福」與「國家」—提問與回答—
第三章　「自由、民主、信仰」將拯救世界—「毛澤東的靈言」講義—
第四章　答覆加拿大民運人士的提問

主愛爾康大靈與其分身的降臨

地球神・愛爾康大靈

大川隆法
【現在】

阿爾法
地球的創造主
【3億3千萬年前】

埃洛希姆
樹立善惡的價值基準的
【1億5千萬年前】

拉穆
【穆大陸:1萬7千年前】

喬答摩悉達多
(佛陀)
【印度:2千5百年前】

托斯
【亞特蘭提斯:
1萬2千年前】

海爾梅斯
【希臘:4千3百年前】

利安托阿爾克萊德
【古代印加帝國:
7千年前】

奧菲爾利斯
【希臘:6千5百年前】

天御祖神

天御祖神是靠近主愛爾康大靈核心意識的存在，亦是日本民族之祖。
3萬年前從宇宙降臨於日本，其文明廣佈於整個亞洲，並影響了全世界。

創造大宇宙的「創造主(根本佛)」並有著人格的「地球神」之存在，即是主愛爾康大靈。主愛爾康大靈於四億年前創造了人類，並接納來自其他行星的宇宙人種，持續孕育這作為靈魂修行之地的地球。

主愛爾康大靈曾讓佛陀、海爾梅斯等眾多分身降生於地上引導人類。此外，在重大危機之時，其本體意識也曾轉生於世間。三億三千萬年前曾以「阿爾發」之名講述「地球規模的真理」，一億五千萬年前曾以「埃洛希姆」之名明示了「善與惡」。並且，現今作為第三次的本體轉生，大川隆法總裁先生降臨於世，對於面臨未曾有的危機之人類，講述著嶄新的法。

HAPPY SCIENCE

幸福科學集團介紹

幸福科學透過宗教、教育、政治、出版等活動，以實現地球烏托邦為目標。

幸福科學

一九八六年立宗。信仰的對象為地球靈團至高神「愛爾康大靈」。幸福科學信徒廣布於全世界一百七十九個國家以上，為實現「拯救全人類」之尊貴使命，實踐著「愛」、「覺悟」、「建設烏托邦」之教義，奮力傳道。

（二〇二五年二月）

愛

幸福科學所稱之「愛」是指「施愛」。這與佛教的慈悲、佈施的精神相同。信眾透過傳遞佛法真理，為了讓更多的人們能度過幸福人生，努力推動著各種傳道活動。

覺悟

所謂「覺悟」，即是知道自己是佛子。藉由學習佛法真理、精神統一、磨練己心，在獲得智慧解決煩惱的同時，以達到天使、菩薩的境界為目標，齊備能拯救更多人們的力量。

建設烏托邦

我們人類帶著於世間建設理想世界之尊貴使命，而轉生於世間。為了止惡揚善，信眾積極參與著各種弘法活動。

入會介紹

幸福科學相信以慈悲之力守護世間所有人的地球神愛爾康大靈，並為每個人的幸福與世界烏托邦化遂行活動。您要不要一同學習心之法則、佛法真理呢？您可以選擇「入會」或是「三皈依誓願」。

三皈依誓願

想要正式走上信仰之路之人，
請參加皈依佛、法、僧三寶的「三皈依誓願儀式」。

領受的經文

《佛說・正心法語》

由大川隆法總裁先生的分身－佛陀・釋尊的意識所降下的內容，由七篇經文所構成的根本經典。與《般若心經》、《法華經》等後世弟子所編纂的經文不同，由於是佛陀直接講述的經文，所以蘊含強力的光明能量。

《祈願文①②》

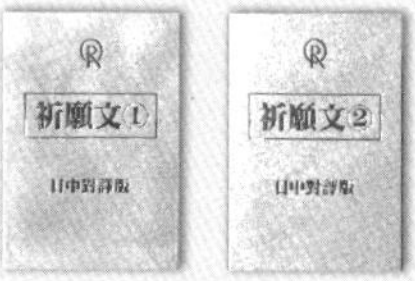

從「向主的祈禱」、「向守護・指導靈的祈禱」開始，還包括了疾病痊癒、擊退惡靈、結婚、成功等祈禱，收錄了在信仰中步上幸福人生的十八篇祈禱文。

《向愛爾康大靈的祈禱》

以「認識到引導全人類變得幸福的主的存在」，以及「確認信仰者的使命」的「向愛爾康大靈的祈禱」為開始，為了讓人們能夠傳遞信仰的喜悅給其他人們，收錄了三篇誓願精進的經文。

入會

只要是相信主愛爾康大靈之人，就能成為「幸福科學」的會員。

領受的經文

入會版《正心法語》

從這本經文開始度過每天的信仰生活吧。收錄了「真理之詞『正心法語』」、「向主的祈禱」以及「向守護・指導靈的祈禱」，屬於一本適合入會者的經文。

幸福科學於各地支部、據點每週皆舉行各種法話學習會、佛法真理講座、經典讀書會等活動，歡迎各地朋友前來參加，亦歡迎前來心靈諮詢。

台北支部精舍
台北市松山區敦化北路
155 巷 89 號
02-2719-9377

台中支部精舍
台中市中區民族路 146 號
04-2223-3777

幸福科學台灣代表處

台北市松山區敦化北路 155 巷 89 號
02-2719-9377
taiwan@happy-science.org
FB：幸福科學台灣

幸福科學馬來西亞代表處

No 22A, Block 2, Jalil Link Jalan Jalil Jaya 2, Bukit Jalil 57000, Kuala Lumpur, Malaysia
+60-3-8998-7877
malaysia@happy-science.org
FB：Happy Science Malaysia

幸福科學新加坡代表處

434 Race Course Road #01-01 Singapore 218680
+65-6837-0777
singapore@happy-science.org
FB：Happy Science Singapore

幸福科學十大原理（上卷）——愛爾康大靈「教義的原點」

幸福の科学の十大原理（上巻） エル・カンターレ「教えの原点」

作　者／大川隆法

出版發行／台灣幸福科學出版有限公司
105-407 台北市松山區南京東路四段 50 號 11 樓
電話／ 02-2586-3390　傳真／ 02-2595-4250
信箱／ service@irhpress.tw

總 經 銷／旭昇圖書有限公司
235-026 新北市中和區中山路二段 352 號 2 樓
電話／ 02-2245-1480　傳真／ 02-2245-1479

幸福科學華語圈各國聯絡處／
台　灣 taiwan@happy-science.org
地址:台北市松山區敦化北路 155 巷 89 號(台灣代表處)
電話:02-2719-9377
FB 粉絲頁:幸福科學－台灣
新 加 坡 singapore@happy-science.org
馬來西亞 malaysia@happy-science.org
泰　國 bangkok@happy-science.org
澳　洲 sydney@happy-science.org

書　號／978-626-7302-13-2
初　版／2025 年 2 月
定　價／380 元

國家圖書館出版品預行編目 (CIP) 資料

幸福科學十大原理.
上卷:愛爾康大靈「教義的原點」／大川隆法作.
-- 初版. -- 臺北市:台灣幸福科學出版有限公司, 2025.02
336 面;14.8×21 公分
譯自:幸福の科学の十大原理(上巻):エル・カンターレ「教えの原点」

ISBN 978-626-7302-13-2(平裝)
1.CST : 新興宗教 2.CS : 靈修
226.8　　114000189

廣告回信
台北郵局登記證
台北廣字第5433號
平　信

IRH Press Taiwan Co., Ltd.

台灣幸福科學出版有限公司

105-407台北市松山區南京東路四段50號11樓

台灣幸福科學出版　編輯部　收

大川隆法

Ryuho Okawa

幸福科學十大原理（上卷）

請沿此線撕下對折後寄回或傳真，謝謝您寶貴的意見！

台灣幸福科學出版有限公司

幸福科學十大原理（上卷）
讀者專用回函

非常感謝您購買《幸福科學十大原理（上卷）》一書，
敬請回答下列問題，我們將不定期舉辦抽獎，
中獎者將致贈本公司出版的書籍刊物等禮物！

讀者個人資料　　**※本個資僅供公司內部讀者資料建檔使用，敬請放心。**

1. 姓名：　　　　　　　　性別：☐男　☐女
2. 出生年月日：西元　　　　年　　　　月　　　　日
3. 聯絡電話：
4. 電子信箱：
5. 通訊地址：☐☐☐-☐☐
6. 學歷：☐國小 ☐國中 ☐高中／職 ☐五專 ☐二／四技 ☐大學 ☐研究所 ☐其他
7. 職業：☐學生 ☐軍 ☐公 ☐教 ☐工 ☐商 ☐自由業☐資訊 ☐服務 ☐傳播 ☐出版 ☐金融 ☐其他
8. 您所購書的地點及店名：
9. 是否願意收到新書資訊：☐願意　☐不願意

購書資訊：

1. 您從何處得知本書的訊息：（可複選）☐網路書店　☐逛書局時看到新書　☐雜誌介紹　☐廣告宣傳　☐親友推薦　☐幸福科學的其他出版品　☐其他

2. 購買本書的原因：（可複選）☐喜歡本書的主題　☐喜歡封面及簡介　☐廣告宣傳　☐親友推薦　☐是作者的忠實讀者　☐其他

3. 本書售價：☐很貴　☐合理　☐便宜　☐其他

4. 本書內容：☐豐富　☐普通　☐還需加強　☐其他

5. 對本書的建議及讀後感

6. 盼望您能寫下對本公司的期望、建議…等等。

IRH Press Taiwan Co., Ltd.
台灣幸福科學出版有限公司